Den Frauen nach

Cornelia Carstens, Margret Luikenga,
Stephanie von Ow,
Heike Stange, Rita Wolters, (Hrsg.)

Den Frauen nach

Ein Spaziergang am Landwehrkanal

be.bra verlag
berlin.brandenburg

Herausgegeben von der Berliner Geschichtswerkstatt

Die Deutsche Bibliothek – CIP-Einheitsaufnahme
Den Frauen nach: ein Spaziergang am Landwehrkanal/
Hrsg. Cornelia Carstens ... –
Berlin: be.bra-Verl., 2000
ISBN 3-930863-69-3

Das Buch basiert auf der vollständig überarbeiteten
und erweiterten Broschüre von Cornelia Carstens/
Margret Luikenga „Immer den Frauen nach",
Berlin 1993

Schönhauser Allee 36, KulturBrauerei Haus S, 10435 Berlin
e-mail: bebraverlag@t-online.de
http://www.bebraverlag.de
Lektorat: Gabriele Dietz, Berlin
Umschlag: Hauke Sturm, Berlin, unter Verwendung eines Fotos
aus dem Bildarchiv Preußischer Kulturbesitz
Gesamtgestaltung: Satz & LithoCenter Strausberg GmbH,
Strausberg, nach dem Entwurf von Hauke Sturm
Schrift: Stone Serif (Grundschrift 8,5 pt) und Univers 47
Druck und Bindearbeiten: Elsnerdruck, Berlin
ISBN 3-930863-69-3

Inhalt

Spurensuche 7
Übersichtsplan 8
1 Schifferfrauen 11
2 Hedwig Heyl 15
3 Sophie March – Unternehmerin in Charlottenburg 18
4 Frauen an der Technischen Universität 20
5 Sophie-Charlotte 23
6 Katharina Heinroth 25
7 Die Rosa-Luxemburg-Brücke 28
8 Minna Cauer, die radikale Bürgerliche 31
9 Deutscher Lyceum-Club 34
10 Das Bauhaus-Archiv 37
11 Dienstmädchen um die Jahrhunderwende 40
12 Hedwig Dohm 43
13 Im Ruderboot durch Deutschland: Marie von Bunsen 45
14 Mildred Harnack-Fish und die „Rote Kapelle“ 48
15 Helene Lange 50
16 „Mein liebes Pappritzchen“ 52
17 Malweiber 54
18 Die Neue Nationalgalerie 58
19 Fanny Lewald 60
20 Heibaudi 62
21 Frauenbund der Deutschen Kolonialgesellschaft 65
22 Berliner Frauenclub von 1900 e.V. 68
23 Claire Waldoff im „Roland von Berlin“ 70
24 Marlene Dietrich und Tilla Durieux 73
25 Fanny Hensel 76
26 LARA 79
27 Marie Juchacz und die Arbeiterwohlfahrt 80
28 Kartoffelunruhen am Halleschen Tor 82

29 Fräulein von der Post 84
30 Friedhöfe vor dem Halleschen Tor 87
31 Patente Melitta 91
32 Suchlandsche Badeanstalt 93
33 Krankenhaus am Urban 94
34 Trotz Kleinheit großzügig 97
35 Damenklub Erato 100
36 Regina Jonas, die erste Rabbinerin 102
37 Karyatiden 104
38 Freitagsmarkt am Maybachufer 106
39 Konfektionsarbeiterinnen 108
40 Soziale Hilfsarbeit 111
41 Das Kreuzberger Hexenhaus 114
42 Martha, die Drachenbändigerin 116
43 Die Schleusenmeisterin 118

Zum Weiterlesen 121
Historische Stadtrundfahrten 124
Personenregister 125
Die Autorinnen 127
Abbildungsnachweis 127

Spurensuche

Frauen am, im und auf dem Wasser: Schifferinnen und eine Schleusenmeisterin, Frauenrechtlerinnen, Dienstmädchen, Arbeiterinnen und bürgerliche Frauen, Künstlerinnen, Unternehmerinnen und Hausbesetzerinnen werden in diesem Buch porträtiert. In einem breit angelegten Spektrum beschreiben wir nicht nur Biografien, sondern auch historische Frauenorte und Frauenbewegungen.

Das Buch ist als Spaziergang entlang des Landwehrkanals konzipiert und über diesen Wasserlauf läßt sich die Geschichte der Stadt erschließen. Je nach Lust und Laune, allein oder gemeinsam, kann jede und jeder dem Uferweg folgen, sich dabei von informativen Geschichten unterhalten lassen und manch erstaunliche Entdeckung machen. Eine Vielzahl von Fotos vervollständigt die Sammlung. Ein Ortsplan hilft bei der Orientierung.

Entstanden ist dieser Band wie schon das Buch „Frauen an der Spree" auf der Grundlage historischer Dampferfahrten zur Frauengeschichte, die wir Herausgeberinnen seit mehr als zehn Jahren auf Spree und Landwehrkanal durchführen. Bei unserer Spurensuche fühlen wir uns der historischen Frauenforschung verbunden. Zahlreiche Institutionen und Personen haben uns unterstützt, denen wir für Rat und Tat herzlich danken.

Wir wissen, dass ein Spaziergang am Landwehrkanal, durch Charlottenburg, Tiergarten und Kreuzberg, ein Vergnügen ist. Machen auch Sie sich auf den Weg, zu Fuß, mit dem Fahrrad oder dem Schiff (aber bitte: immer den Frauen nach!

Die Herausgeberinnen, im Januar 2000

Die Stationen des

Spaziergangs im Überblick

1

Schifferfrauen

Auf dem Landwehrkanal

Schifferfrau beim Entladen eines Ziegelkahns, 1927

Der Landwehrkanal, der ungefähr dem Lauf eines von der Spree abzweigenden alten Wassergrabens entspricht, wurde 1850 nach knapp fünfjähriger Bauzeit eröffnet. Er war in erster Linie angelegt worden, um Baumaterialen direkt an die Baustellen in den neu entstehenden südlichen Stadtteilen heranbringen zu können. Nach Gründung des Deutschen Reiches, mit der Berlin zur Hauptstadt wurde, setzte ein regelrechter Bauboom ein. Der Kanal war ursprünglich so angelegt, dass er über seine gesamte Länge – 10,3 Kilometer – gleichsam einen durchgehenden Flusshafen darstellte, denn überall konnten Schiffe anlegen.

„Berlin ist aus dem Kahn gebaut" wurde zum geflügelten Wort. Auf dem Landwehrkanal stauten sich die Kähne; während des Kaiserreiches kamen jährlich 20-30 Millionen Zentner Ziegelsteine aus dem Umland per Schiff in Berlin an. Aber auch Lebensmittel, Holz und Kohlen erreichten Berlin von Breslau, Stettin, Hamburg und Dresden zum großen Teil auf dem Wasserweg. Um die Jahrhundertwende waren nach einer amtlichen Zählung etwa 30.000 Schifffahrt Treibende im Gebiet der Märkischen Wasserstraßen unterwegs, 19.000 von ihnen waren Frauen und Kinder. Schifferfrauen hatten bis weit in das 19. Jahrhundert hinein an Land gelebt und die häusliche Wirtschaft geführt: „Die machten die Zicke gut und det Schwien fett und uff de Reeperbahn wurde det denn verbraten", erzählt eine alte Schifferfrau. Die Männer nahmen Schinken und eingelegtes Gemüse mit, wenn sie auf Fahrt gingen. Sie kamen erst nach Wochen, vielleicht erst mit dem Wintereinbruch nach Hause.

Gegen Ende des 19. Jahrhunderts gingen die Frauen und mit ihnen die Kinder vermehrt mit aufs Schiff. Ein Grund war, dass die Schiffe immer größer und solider gebaut wurden und mehr Raum zum Wohnen boten; viele Schiffer konnten sich nach und nach bessere Schiffe leisten. In den achtziger Jahren wurden einige der wichtigsten Kanäle der Region verbreitert und auch damit wuchsen die Schiffsgrößen. Auf den neuen Berliner Maßkähnen und erst recht auf den Eisenkähnen, die sich ab den zwanziger Jahren verbreiteten, war Platz für recht geräumige Wohnungen an Bug und Heck. Die Familie des Schiffseigners nahm die eine Wohnung in Anspruch und die Bootsleute, meistens zwei, waren am anderen Ende untergebracht. Bootsleute gehörten oft zur Familie, waren Neffen oder Brüder der Eheleute. Eine weitere Voraussetzung dafür, dass mehr und mehr Familien mitreisen konnten, waren die ab Ende des 19. Jahrhunderts industriell hergestellten haltbaren Lebensmittel – ohne die Erfindung der Konserve wäre der Schritt der Frauen auf die Planken nicht möglich gewesen. In Notzeiten aber, besonders während der Kriege, mussten die Schifferfrauen manche alte Fertigkeit reaktivieren. Da wurde auf Kähnen Brot gebacken und Hühner gehalten.

Viele Schifferfamilien gaben um die Jahrhundertwende ihren Landwohnsitz praktisch auf und behielten nur noch eine Adresse fürs Finanzamt. Sie lebten das ganze Jahr über auf dem Schiff, auch wenn die Schifffahrt wegen Frost ruhte. Unter allen Hafenstädten in Brandenburg spielte die Stadt Charlottenburg eine besonders wichtige Rolle. Berlin bot den Schiffern bis zum Ende des Ersten Weltkrieges keine Liegeplätze zum Überwintern an. Charlottenburg dagegen, im Kaiserreich eine der reichsten Städte Preußens, nahm die Schiffer auf – und nicht nur das: Die für ihr vorbildliches Schulsystem bekannte Kommune richtete für die Schifferkinder besondere Winterschulen ein. Die Folge war, dass Charlottenburg bevorzugter Winterliegeplatz der Binnenschiffer östlich der Elbe wurde.

In ihren märkischen Heimatorten hatten die Schiffer zur dörflichen „Oberschicht" gehört. Einmal jährlich, im Winter, zogen sie mit Schiffsmodellen und Fahnen durch ihr Dorf, bevor sie sich zum Schifferball versammelten. Öffentlich zeigten sie, wie stolz sie auf ihren Beruf und ihre Traditionen waren. Auch in den Winterhäfen gab (und gibt) es im Winter noch Schifferbälle, aber ihren ursprünglichen Charakter der öffentlichen Selbstdarstellung hatten sie eingebüßt. Schiffer in der Großstadt waren nur eine von vielen Gruppen der Ein- und Zuwanderer, Einwohner und Durchzügler. Vielleicht deshalb klammerten sich die märkischen Kleinschiffer in einem hohen Maße an eine traditionsbewusste, christlich-konservative Einstellung. Auch in Bezug auf die Arbeitsteilung zwischen Frauen und Männern auf dem Schiff hatten sie „traditionelle" Rollenvorstellungen.

Aber die Wirklichkeit stellte andere Anforderungen, die Aufgaben auf dem Schiff waren nicht streng zwischen Männern und Frauen aufgeteilt. Es gab zwar unterschiedliche Verantwortlichkeiten, aber auch viele Überschneidungen. Zum Beispiel mussten die Eltern die Kinder auf der Fahrt selbst unterrichten. Diese Aufgabe wurde mal von der Mutter, mal aber auch nur vom Vater, oft abwechselnd übernommen. Kinder unter vierzehn Jahren durften bis zum Ende des Zweiten Weltkrieges mit den Eltern fahren, mussten aber überall dort in die Schule gehen, wo das elterliche Schiff länger als zwei Tage festmachte. Väter waren also auch für die Erziehung der Kinder zuständig, jedenfalls in viel stärkerem Maße, als wenn die Familie an Land geblieben wäre. Umgekehrt hatten die Frauen auch an der Arbeit der Männer teil. Am Steuer waren sie zwar in der Regel nicht zu sehen, weil sie bis zum Ende des Zweiten Weltkrieges weder als Besatzungsmitglieder anerkannt waren noch das Schifferpatent erwerben konnten. Aber etliche Schifferfrauen eigneten sich Fertigkeiten an, die für das Führen des Schiffes wichtig waren. Viele alltägliche Verrichtungen, die zum Säubern, Warten und Ausbessern des Kahns gehörten, erledigten Frauen und Männer in individueller Arbeitsteilung. Hausarbeit und Schiffsarbeit waren bei den Familienbetrieben der märkischen Kleinschifffahrt oftmals kaum voneinander zu trennen. Ein Schiff ist eben auch ein Zuhause.

Be- und Entladen der Kähne galt weiterhin als Männersache. Wenn in der Steinschifffahrt Frauen beim Entladen der Kähne halfen, indem sie die Männer, die die schweren Ziegelkarren schoben, im Rücken stützten, wiesen Stromschiffer kritisch darauf hin, dass das keine „Frauenarbeit" sei. Dabei gab es zu jener Zeit so manche „Frauenarbeit", die schwerer war, zum Beispiel in der Landwirtschaft. Einen Ziegelkahn zu entladen dauerte drei Tage und anschließend hatte man eine Woche Pause. So lange nämlich dauerte die Fahrt zwischen Berlin und Zehdenick, einem der größten Ziegeleiorte der Mark, und während der Fahrt war kaum etwas zu tun.

Die Stimmung an Bord hob sich, wenn die Frau mit von der Partie war. Die Versorgung wurde besser, wenn die Frauen statt der Bootsleute kochten. Auch dass die Arbeitskleidung häufiger gewaschen wurde, steigerte das Wohlbefinden. Frauen übten aber auch einen gewissen disziplinierenden Einfluss auf die Männer auf, nicht zuletzt im Zielhafen, wenn sie beispielsweise mit ihren Ehemännern über die Reeperbahn bummelten.

Schifferfrauen berichten, dass sie das Leben auf dem Wasser genossen. Sie konnten bei aller notwendigen Arbeitsdisziplin recht frei über ihre Zeit verfügen, zum Beispiel Pause machen, wann sie wollten. Vor allem hatten sie und ihre Männer ständig neue Eindrücke, über die sie miteinander reden konnten. Und so ein Schiff war notfalls auch groß genug, sich für eine Weile aus dem Weg zu gehen. Zwischen Eheleuten auf dem Kahn entwickelte sich oft ein partnerschaftliches Verhältnis und Schifferfrauen hatten ein besonderes Selbstbewusstsein.

Dass Schifferleben in einem solchen Maße wie in Berlin-Brandenburg zugleich auch Familienleben war, war in Deutschland einmalig und blieb im wesentlichen auf die Zeit des Kaiserreichs beschränkt. Die Blütezeit der märkischen Kleinschifffahrt war mit dem Ausbau der Stadt Berlin im Grunde beendet. Familienbetriebe wurden schon ab den zwanziger Jahren immer seltener; es gibt sie aber auch gegenwärtig noch. Inzwischen können Frauen auch Schiffsführerinnen werden, doch gibt es in Berlin und Brandenburg keine, die mit einem eigenen Schiff unterwegs ist.

2

Hedwig Heyl

Salzufer 5

Bei der Vorbereitung des internationalen
Frauenkongresses: Hedwig Heyl, dritte von rechts

1869 kam Hedwig Crüsemann, gerade 19 Jahre alt, als frisch verheiratete Frau Heyl aus Bremen nach Berlin. Sie zog ans Salzufer 8, auf das Gelände der Farbenfabrik Heyl, das wie ein Handtuch zwischen Spree und Landwehrkanal gelegen war. Der doppelte Wasserzugang war ideal für das Unternehmen.

Ihre direkte Umgebung, die Fabrik ihres Mannes, wurde Hedwig Heyls erstes Arbeitsfeld. Die Fröbelschen Ideen hatte sie im Mädchenpensionat Neu-Watzum als sehr wirkungsvoll erlebt und so ging sie daran, diese Erziehungsmethoden in ihrem neuen Wirkungskreis umzusetzen. Die Kinder der Fabrikarbeiterinnen sollten ohne Zwang und stures Pauken, sondern durch Förderung der Eigeninitiative und der Motivation lernen können. Hedwig Heyl eröffnete einen Fabrikkindergarten sowie ein Mädchen- und ein Jungenheim, Vorläufer des späteren Charlottenburger Jugendheims. Die traditionelle Arbeitsteilung der Geschlechter allerdings musste beibehalten werden und so wurden Mädchen vor allem in den hauswirtschaftlichen Bereichen ausgebildet.

Wenn sie sich im Privaten nicht verwirklichen konnten, sollten sie nach dem Prinzip der „geistigen Mütterlichkeit" im öffentlichen Leben wirken und ihre Mütterlichkeit Bedürftigen zugute kommen lassen.

Ordnungssinn und Pflichterfüllung gehörten zu den wichtigsten Erziehungszielen, die Hedwig Heyl vorlebte: Sie war Vorbild in allem, die perfekte Organisatorin, die immer den Überblick behielt, immer die praktischste Lösung für alle Probleme fand. Auf dem Fabrikgelände wurde eine Gärtnerei eingerichtet, die in eine Gartenbauschule für Mädchen und Frauen in Marienfelde überging – Hedwig Heyl war der Meinung, Frauen wären auch hier die geeigneteren Hege- und Pflegekräfte als Männer. Sie schrieb Kochbücher, praktische Haushaltsratgeber und erwarb sich so den Ruf der „besten Hausfrau Berlins". 1888 erschien ihr „ABC der Küche", das viele Nachauflagen erlebte. In der Heylschen Fabrikküche begann die hauswirtschaftliche Mädchen- und Frauenausbildung, die im Pestalozzi-Fröbel-Haus in Schöneberg fortgesetzt wurde.

Um die Jahrhundertwende – ihr Mann war gestorben, ihre fünf Kinder erwachsen – zog Hedwig Heyl in die Hildebrandtstraße 14 im Tiergartenviertel und ihre Aktivitäten verstärkten sich noch einmal außerordentlich.

Helene Lange fragte an, ob sie die Organisation des Internationalen Frauenkongresses in Berlin für 1904 übernehmen könne. Hedwig Heyl übernahm. Die Inhalte interessierten sie eher beiläufig, aber die Organisation eines internationalen Kongresses und die Beschaffung der nötigen Gelder waren eine Herausforderung. Sie meisterte diese Aufgaben mit Bravour.

Ihre Werbeaktion für den Kongress war genial: Die Versammlung sollte im Juni stattfinden, also galt es auch die Frage der notwendigen Erfrischungen zu bedenken. Sie ließ betuchte Berliner Hausfrauen – wer hatte 1903 sonst schon Apfelsinen in Berlin – den ganzen Winter über Apfelsinenschalen sammeln und in Branntwein einlegen. Mit Wasser, Zucker und anderen Zutaten ergab dies nicht nur eine gute Orangenlimonade, sondern machte auch den Kongress bekannt. Alice Salomon, Hedwig Heyls Assistentin bei der Kongressvorbereitung, schrieb in ihren Erinnerungen: „(H.H.) war tatsächlich ein Genie in praktischen Dingen, aber sie konnte weder klar denken noch sich ausdrücken. (...) Es war angenehm mit ihr zusammenzuarbeiten, aber sie hatte sonderbare Vorstellungen von den jüngeren Frauen mit akademischer Ausbildung und war davon überzeugt, daß keine von uns eine Scheibe Brot abschneiden oder Eier kochen könne. Als Gastgeberin für Tausende von Menschen auf dem Kongreß war sie jedoch unübertrefflich."

Ob Organisatorin, Aktivistin oder Vorstandsdame, Hedwig Heyl war immer dabei: Sie gründete den „Verband zur Förderung hauswirtschaftlicher Frauenbildung“ und den Charlottenburger Hauspflegeverein, war Mitbegründerin des „Verbands der Hauspflege“, im Vorstand des Lyceum-Clubs und im „Verband deutscher Hausfrauenvereine“. Den „Frauenbund der deutschen Kolonialgesellschaft“ hat sie mitgegründet und jahrzehntelang seine Linie bestimmt; die „innere Deutschwerdung“ der Kolonie Südwestafrika war ihr ein Herzensanliegen. Die viel beachtete Ausstellung „Die Frau in Haus und Beruf“, die 1912 vom Lyceum-Club gezeigt wurde, betrachtete sie als einen Höhepunkt ihrer Karriere.

Im August 1914, als der Erste Weltkrieg begann, war Hedwig Heyl als begeisterte Nationalistin sofort bereit, praktische Hilfsmöglichkeiten zu suchen. Sie gründete mit Josephine Levy-Rathenau und Gertrud Bäumer den „Nationalen Frauendienst“, schrieb ein Kriegskochbuch und richtete am Salzufer die Produktion von ABC-Konserven, benannt nach ihrem „ABC der Küche“, zur Soldatenverpflegung ein. Darüber hinaus musste sie, wie schon einmal nach dem Tod ihres Mannes, die Leitung der Fabrik übernehmen, weil ihr Sohn eingezogen wurde.

Ab 1916 organisierte sie die Massenspeisung für die hungernden Menschen in Berlin. Bis zu 146.000 Portionen mussten täglich an vielen Orten der Stadt ausgegeben werden. Elise Hoppfgarten in einem Gedenkblatt zu Hedwig Heyls 70. Geburtstag: „... auch der für den nächsten Stimmrechtskongreß gesammelte Fonds wurde von Mutter Heyl in Strumpfwolle für unsere Krieger umgesetzt.“ Hedwig Heyls Ziel war die Verbesserung der Erziehung und Bildung von Mädchen und Frauen im hauswirtschaftlichen und sozialen Bereich. Die Gleichstellung der Geschlechter oder Emanzipation der Frauen wollte sie ebenso wenig wie die Aufhebung sozialer Unterschiede. Seit ihrem 70. Geburtstag im Jahr 1920 hatte sie sich aus fast allen Vereinen und Aktivitäten zurückgezogen. Die Anfänge des Nationalsozialismus ließen sie „für die Zukunft Gutes erhoffen“. Am 23. Januar 1934 starb sie 84-jährig in Berlin.

3

Sophie March – Unternehmerin in Charlottenburg

Marchbrücke

Als Sophie March 1847 die Leitung der Firma March übernahm, war sie eine der wenigen Unternehmerinnen des 19. Jahrhunderts. Ihr Ehemann, Ernst March, hatte im Jahre 1835 ein Gelände in Charlottenburg nahe der heutigen Marchbrücke erworben. Hier gründete er erfolgreich eine Tonwarenfabrik für Gebrauchs- und Baukeramik; seine Terrakotten wurden für das Rote Rathaus, das Kunstgewerbemuseum (heute Martin-Gropius-Bau) und die Thomaskirche am Mariannenplatz verwendet. Während der Arbeiten an der Matthäikirche starb Ernst March an den Folgen eines Unfalls und seine Frau Sophie übernahm das Unternehmen.

Magdalena Sophie Keller wurde 1808 in Frankfurt am Main als Tochter einer Kaufmannsfamilie geboren. Ihren zehn Jahre älteren Ehemann Ernst March heiratete sie im preußischen Charlottenburg. Sie wurde Mutter von acht Kindern, eine fundierte kaufmännische Ausbildung hatte sie nicht.

Wie im Testament ihres Ehemannes verfügt, wurden ihr bei der Führung des Unternehmens Berater zur Seite gestellt. Sophie March erlernte die Buchführung und es gelang ihr, die Firma zu einem soliden Unternehmen auszubauen. Neue chemisch-technische Apparate wurden her- und die Produktion auf die Profit versprechendere Baukeramik umgestellt. Die Tagebuchaufzeichnungen der Sophie March geben Einblicke in die Schwierigkeiten, denen sie sich in ihrer neuen Führungsposition zu stellen hatte: Kaufmännische und wirtschaftliche Qualifikationen mussten erworben werden, Familie und Beruf galt es miteinander zu vereinbaren. Rückhalt fand sie in ihrem Glauben. Entlastet wurde sie, als 1852 ihr Sohn Paul die technische Leitung der Firma übernahm, die Gesamtleitung lag jedoch weiter in ihren Händen. 1863 übergab sie den Betrieb ihren Söhnen Paul und Emil. Am 26. Dezember 1889 starb Sophie March im Alter von 81 Jahren und wurde in der Ruhestätte der

Familie March auf dem Luisen-Kirchhof I in Charlottenburg bestattet. Die Terrakotten, mit denen das Familiengrab verkleidet ist, stammen vermutlich aus der Marchschen Produktion.

1902 fusionierte die Firma mit anderen Unternehmen zur „Deutschen Ton- und Steinzeugwerke AG“. Im Jahre 1904 wurde der Betrieb in der Sophienstraße aufgegeben, Lager und Büro waren hier noch bis 1948 ansässig. Heute zeugen nur Marchbrücke und Marchstraße vom ehemaligen Fabrikstandort.

4

Frauen an der Technischen Universität

Straße des 17. Juni

Studentin der Technischen Hochschule, um 1918

Im Jahr 1879 war in der damals noch selbständigen Stadt Charlottenburg, nahe dem heutigen Ernst-Reuter-Platz, die Technische Hochschule (TH) als ein Zusammenschluss von Bauakademie und Gewerbeinstitut eröffnet worden – eine reine Männerdomäne. In Preußen, dem Schlusslicht der europäischen und deutschen Länder in Sachen Frauenstudium, durften Frauen erst ab dem 14. April 1909 an Technischen Hochschulen studieren. Ein halbes Jahr zuvor war ihnen erlaubt worden, sich an den Universitäten Preußens einzuschreiben. Bis dahin hatten Frauen in Preußen lediglich als Gasthörerinnen an den Vorlesungen teilnehmen dürfen und selbst das nur, nachdem sie ein umständliches Bewerbungsverfahren überstanden und sich die Professoren und Dozenten einverstanden erklärt hatten. Die wenigen Frauen, die sich an die Hochschulen wagten, waren auch hinsichtlich der schulischen Vorbildung gegenüber ihren männlichen Kommilitonen im Nachteil, denn ein staatlich organisiertes höheres Mädchenschulwesen gab es Anfang des Jahrhunderts in Preußen noch nicht.

Von 1909 bis 1919 schrieben sich insgesamt 55 Frauen an der TH ein, sie studierten hauptsächlich Architektur, Chemie und Elektrotechnik. Das Studium war für diese Pionierinnen sicherlich auch deshalb nicht leicht, weil die Studentinnen mit vielen ablehnenden Verhaltensweisen sowohl seitens der Hochschullehrer als auch der Kommilitonen fertig werden mussten. Ein Leserbrief einer Mathematikstudentin in der TH-Zeitschrift im Jahre 1919 gibt Einblick in die damals vorherrschende Stimmung an der Hochschule. Er bezieht sich auf die Teilnahme von Studentinnen an studentischen Veranstaltungen und Ausschüssen:

„Dieser einmalige Besuch genügte, um in mir und meinen Begleiterinnen jedes fernere Interesse an studentischen Veranstaltungen auszulöschen. Abgesehen von dem dort angeschlagenen, mir bisher völlig unbekannten Ton (...) ergingen sich die Diskussionsredner in durchaus absprechender, um nicht zu sagen wegwerfender Weise über Frauenwahlrecht, Frauenstudium und andere, die Gleichberechtigung der Frau angehende Fragen, ohne daß auch nur der geringste Widerspruch aus der Mitte der Versammlung laut geworden wäre. Einer solchen widerspruchslos zur Schau getragenen Gesinnung gegenüber muß selbstverständlich in uns jeder Wunsch und Wille einer geistigen Zusammenarbeit mit den männlichen Studierenden völlig erstickt werden."

In den Jahren der Weimarer Republik wurde die höhere Mädchenbildung konsequent institutionalisiert. Seit 1925 mussten die gleichen Inhalte in Knaben- und Mädchenschulen unterrichtet werden. Im Wintersemester 1932/33 war mit 200 Studentinnen bislang die höchste Zahl von Frauen an der TH immatrikuliert, überwiegend studierten sie immer noch Architektur und Chemie, aber auch Allgemeine Wissenschaften wurden häufig belegt. Bis dahin hatten insgesamt vierzehn Frauen hier promoviert, fast alle im Fach Chemie.

Die Berufsaussichten der studierten Frauen waren schlecht: In der Wirtschaft wurden Männer bevorzugt. Sie waren daher zumeist gezwungen, in den Staatsdienst zu gehen und aus diesem Grund wurde an der TH von vielen Frauen die „Oberlehrerausbildung" gewählt. Eine Mathematikstudentin erläuterte ihre Studienwahl im Jahre 1930: „Aus welchen Gründen ich studiere? Aus Begeisterung für den Studienratberuf entschieden nicht. Ebenso wenig aus rein ideeller Liebe für die Wissenschaft. Ich wollte einen Beruf haben, der mich in die Lage setzt, mein Leben lang ohne Hilfe Fremder oder Verwandter auszukommen. Es waren also in erster Linie materielle Gründe, die mich studieren ließen.

Dieselben Gründe sind schuld daran, daß ich auf dem Wege bin, Studienrätin zu werden und nicht Dipl.-Ingenieur, wie ich es am liebsten gewollt hätte. Ein Studium auf der Technischen Hochschule wäre mir bei meiner mehr praktischen Veranlagung am sympathischsten gewesen. Leider liegen die Verhältnisse dort so, daß bei dem scharfen Konkurrenzkampf ein Mädchen gar keine Aussicht hat, sich durchzusetzen."

Von 1933 bis 1940 nahm die Zahl der Studentinnen zunächst kontinuierlich ab, erst in den Kriegsjahren studierten wieder mehr als 100 Frauen an der TH. Als am 9. April 1946 die Technische Universität (TU) Berlin als Nachfolgerin der TH begründet wurde, waren auch etliche Frauen unter den ersten Studierenden. Konkrete Zahlen gibt es aber erst wieder seit Anfang der fünfziger Jahre; im Wintersemester 1950/51 wurden 271 Studentinnen bei insgesamt 3.200 Studierenden ausgewiesen. Die meisten Frauen studierten jetzt Allgemeine Ingenieurwissenschaften. Im Laufe der sechziger Jahre wurde diese Präferenz vom Fach Architektur abgelöst. Und mit der Öffnung der TU Berlin für geisteswissenschaftliche Fächer verzeichnen diese inzwischen die höchsten Frauenanteile.

Bis heute dominieren die Männer an der TU Berlin, nur ein Drittel aller Studierenden sind Frauen. Im Studiengang Kunstgeschichte stellen Frauen zwar die überwiegende Mehrheit, im Fachbereich Maschinenbau aber sind sie mit weniger als zehn Prozent deutlich unterrepräsentiert.

In den technischen und naturwissenschaftlichen Fachbereichen sind Frauen in Forschung und Lehre Ausnahmen. Im Fachbereich Architektur arbeiten zwei Professorinnen und im Bauingenieurswesen eine Professorin. 1999 stand erstmalig eine Frau auf der Berufungsliste für eine Professur im Fachbereich Chemie. Die gegenwärtig 28 Professorinnen an der TU besetzen 6,2 Prozent aller Lehrstühle, davon die meisten in den Geistes- und Sozialwissenschaften. In diesen Fachbereichen setzen einige Professorinnen neue Akzente. Mit der Gründung des „Instituts für Sozialpädagogik" 1980 entstand der Studienschwerpunkt „Feministische Forschung". Er orientiert sich an aktuellen gesellschaftlichen Phänomenen und leistet Beiträge zur feministischen Theoriebildung. Im Dezember 1996 entstand das „Zentrum für Interdisziplinäre Frauen- und Geschlechterforschung". In den Führungspositionen haben sich die Verhältnisse jedoch seit Anfang des Jahrhunderts nicht wesentlich verändert: Frauen sind immer noch exotische Einzelkämpferinnen in einer Männerdomäne.

5

Sophie-Charlotte

Charlottenburger Tor

Die Königin am Tor nach
Berlin, Foto von 1909

Die Darstellung von Frauen im öffentlichen Raum ist selten, es gibt wenig Denkmäler in Berlin, mit denen an eine berühmte Frau erinnert wird. Zahlreich vertreten sind hingegen weibliche Allegorien: Viktoria, die Siegerin; Borrussia, das Sinnbild Preußens; die gerechte Justitia oder Clio, die Muse der Geschichtsschreibung. Dazu kommen diverse namenlose Frauengestalten, die zum Beispiel „Mütterlichkeit", Nymphen oder Amazonen versinnbildlichen sollen.

Viktoria und Sophie-Charlotte stehen auf der alten barocken Sichtachse zum Berliner Stadtschloss. Weithin sichtbar kehrten auf dieser Straße die siegreichen Heere heim. Hier wurden Paraden und Aufmärsche veranstaltet und alle zogen sie durch das prächtige Brandenburger Tor. Nicht Berlin war die wohlhabendste Stadt in Preußen, sondern das bis 1920 selbständige Charlottenburg. Und das sollte den Berlinern auch gezeigt werden: Genau auf die Stadtgrenze, in einer Achse mit dem Brandenburger Tor, ließen die Charlottenburger das Charlottenburger Tor errichten, direkt am Landwehrkanal, an der Charlottenburger Brücke.

1905 war es fertig, geschmückt mit einem Denkmal für die Namensgeberin der Stadt, Sophie-Charlotte, und ihren Ehemann. Erst mit der nationalsozialistischen Anlage der Ost-West-Achse von 1938 sind die heutige Straße des 17. Juni und die Charlottenburger Brücke verbreitert und die Torhälften auseinandergerückt worden.

1684 war die 16-jährige Sophie-Charlotte von Braunschweig-Lüneburg mit dem elf Jahre älteren Kurprinzen Friedrich nach Berlin verheiratet worden. Zwei Jahre später trat dieser das Kurfürstenamt an und erwarb 1701 durch Diplomatie und Intrige die Königskrone. Sophie-Charlotte wurde erste preußische Königin. Ihr Verhältnis zu ihrem steifen, prunksüchtigen Mann soll förmlich und distanziert gewesen sein. Für Sophie-Charlotte war Schloss Lietzenburg westlich von Berlin an der Spree errichtet worden, der „Grundstein" des heutigen Schlosses Charlottenburg. Hier lebte sie im Sommer, umgeben von ihren Hofdamen, darunter Fräulein von Pöllnitz, ständige Begleiterin seit ihrer Jugend. Zeitgenossen Sophie-Charlottes berichteten, die Königin habe gerne schöne Damen um sich gehabt und sei sehr klug gewesen. Sie war befreundet mit geistreichen Frauen und Männern, philosophierte und diskutierte gerne, sprach mehrere Sprachen und war sehr musikalisch. Der Philosoph Leibniz wurde von Sophie-Charlotte nach Berlin geholt; sie gründete gemeinsam mit ihm 1700 die Kurfürstlich-Brandenburgische Sozietät der Wissenschaften, die spätere Akademie der Wissenschaften.

Den Winter verbrachte Sophie-Charlotte regelmäßig bei ihrer Mutter in Hannover, begleitet von ihren Damen, mindestens aber von Fräulein von Pöllnitz. Hier starb sie im Januar 1705 im Alter von 37 Jahren an einem Halsgeschwür. Zu ihrer ersten Hofdame von Pöllnitz sagte sie kurz vor ihrem Tod: „Ich gehe jetzt meine Neugierde befriedigen über die Gründe der Dinge (...) und dem Könige, meinem Gemahl bereite ich das Schauspiel eines Leichenbegängnisses, welches ihm neue Gelegenheit gibt, seine Prachtliebe darzutun." Sie behielt Recht. Das Begräbnis fand wegen der aufwendigen Vorbereitungen erst fünf Monate nach ihrem Tod statt.

6

Katharina Heinroth

Zoologischer Garten

Katharina Heinroth, 1954

Seit dem 10. Dezember 1993 ist ein Abschnitt des früheren Lützowufers, das an das Zoogelände angrenzt, nach Katharina Heinroth benannt. Das Katharina-Heinroth-Ufer ist eine kleine Straße mit nur wenigen Adressen. Dem Engagement und unermüdlichen Einsatz ihrer Namensgeberin ist es zu verdanken, dass es noch heute mitten in Berlin einen der schönsten und größten Zoologischen Gärten der Welt gibt.

Katharina Heinroth war von 1945 bis 1956 Direktorin des Berliner Zoos. Die Bombennächte im November 1943 und Januar 1944 sowie die Endkämpfe des Zweiten Weltkriegs im April 1945 hatten den Zoo fast vollständig zerstört; nur 91 Tiere überlebten.

Käthe Berger, wie Katharina Heinroth vor ihrer ersten Eheschließung hieß, hatte 1923 als erste weibliche Doktorandin des Zoologischen Instituts der Universität Breslau ihr Biologiestudium mit einer Promotion abgeschlossen. Bevor sie sich zehn Jahre später als Ehefrau und Mitarbeiterin von Oskar Heinroth, dem Direktor des Aquariums, in Berlin niederließ, hatte sie an verschiedenen Universitätsinstituten mit namhaften Verhaltensforschern zusammengearbeitet. In den dreißiger Jahren arbeitete sie hauptsächlich ihrem berühmten Ehemann zu. So waren die Eheleute Heinroth vor allem durch ihre langjährigen Experimente mit Tauben an der Entwicklung der Vergleichenden Verhaltensforschung zum neuen biologischen Wissenschaftszweig beteiligt.

Katharina Heinroth und ihr Mann hatten eine Abneigung gegen die Nationalsozialisten. „Wir blieben allen Hitler-Organisationen fern", heißt es in ihrer Autobiografie. Wenn die Heinroths Besuch von Freunden, zum Beispiel dem Ehepaar Grzimek bekamen, mit denen sie über Politik diskutierten, türmte sie einen Berg von Sofakissen auf das Telefon, „da ich gehört hatte, daß durch angezapfte Telefone unter Mithilfe mißbrauchter Mikrofone Zimmergespräche belauscht werden konnten."

Das Kriegsende hat Katharina Heinroth mit ihrem schwer kranken, über 70-jährigen Mann im zerstörten Berliner Zoo erlebt. Kurz vor der Besetzung durch die sowjetischen Truppen hatten sich Zoodirektor Lutz Heck und der Prokurist Pfeifer abgesetzt, sie fürchteten wegen ihrer Nazigefolgschaft um ihr Leben. Katharina Heinroth riet den Zoowärtern, ihre Wärteruniform gegen Zivilkleidung einzutauschen, damit sie nicht mit Militärs verwechselt würden; ein Ratschlag, der ihnen wahrscheinlich das Leben rettete.

Ende Mai 1945 starb Oskar Heinroth. Nach seinem Tod steckte Katharina Heinroth ihre ganze Energie in den Wiederaufbau des Zoos. Die Gebäude waren nur noch Trümmerberge, Fahrzeug- und Panzerwracks waren zu beseitigen, Leichen und Tierkadaver zu bergen. In den ersten Nachkriegswochen wurden 82 Menschen vorläufig auf dem Zoogelände beerdigt, sie konnten erst ein Jahr später auf Friedhöfe umgebettet werden. Zwei Monate lang halfen 200 Trümmerfrauen bei den Aufräumungsarbeiten. Bereits am 1. Juli 1945 wurde der Zoo wieder eröffnet; die Beschilderung für die Käfige und Gehege hatte Katharina Heinroth selbst mit der Hand geschrieben.

Nachdem sie zunächst den Status einer Assistentin innehatte, wurde sie am 3. August 1945 vom Berliner Magistrat zur Kommissarischen Leiterin des Zoos ernannt. Sechs Wochen später setzte der neue Aufsichtsrat sie als alleinige Direktorin ein. Neider versuchten ihr diese Stellung streitig zu machen, aber ihre Verdienste wie ihre Distanz zu den Nazis sprachen genauso für sie wie ihre gute Zusammenarbeit mit dem Zoopersonal.

In den kargen Nachkriegsjahren galt Katharina Heinroths Sorge vor allem der Material- und Geldbeschaffung und dabei griff sie durchaus zu ungewöhnlichen Mitteln. So gab es über mehrere Jahre hinweg ein

Oktoberfest im Zoo und der Zirkus Busch, damals unter Leitung von Paula Busch, hatte hier sein erstes Nachkriegsdomizil. Als der Britische Kommandant des Bezirks Tiergarten während der Blockade 1948/49 Katharina Heinroth befahl, alle Bäume im Zoo abzuholzen und die Flächen mit Spinat zu bepflanzen, die Tiere abzuschaffen und dafür Hühnerkäfige zu errichten, um so zur Versorgung der Berliner Bevölkerung beizutragen, hat sie sich diesem Befehl strikt verweigert. Unter Protest wandte sie sich an das Britische Headquarter, an das Grünplanungsamt und schließlich an den Senat – und sie hatte Erfolg. „Forget the matter with the trees", sagte einige Tage später ein britischer Offizier zu ihr.

Seit 1950 gestaltete die Zoodirektorin mit dem Sender Freies Berlin jeden Sonntagmorgen die Hörfunksendung „Freundschaft mit Tieren", in den Sonntagsausgaben der Berliner Zeitungen schrieb sie regelmäßig Artikel über die neuesten Ereignisse im Zoo. Damals gab es weltweit noch zwei weitere Zoodirektorinnen, in Bern und San Diego. Ihre beiden Kolleginnen lernte Frau Heinroth 1950 auf der Londoner Tagung der Internationalen Union von Direktoren Zoologischer Gärten kennen, zu der sie und nur zwei weitere deutsche Kollegen eingeladen waren.

Gegen Katharina Heinroth sind immer wieder Intrigen geschmiedet worden. Im „Spiegel" wurde sie 1954 als „Bienenzüchterin" diffamiert, die nie ein Doktorexamen gemacht habe. Ihre Amtszeit ist vom Aufsichtsrat des Zoos im Jahre 1956 beendet worden, weil dieser den Aufbau nicht länger einer Frau anvertrauen wollte. In ihren Lebenserinnerungen zitiert Frau Heinroth ein Mitglied des Aufsichtsrats, der geäußert hatte, „falls es schief ginge, müßten sie sich schuldig fühlen, eine Frau am Ruder gelassen zu haben, einem Mann könne man dagegen die Schuld zuschieben." Offiziell wurde diese Amtsenthebung mit dem Alter der Direktorin begründet – Katharina Heinroth war damals 57 und dachte noch nicht an ein Ende ihres Berufslebens. Auf Betreiben von einflussreichen Freunden wurde ihr als Anerkennung ihrer Verdienste um den Wiederaufbau des Zoos wenige Wochen später das Bundesverdienstkreuz 1. Klasse verliehen.

Ihre Pensionszeit nutzte Katharina Heinroth zur wissenschaftlichen Arbeit; sie wertete die Ergebnisse ihrer zahlreichen Untersuchungen aus und veröffentlichte sie. Am 20. Oktober 1989 starb sie im Alter von 92 Jahren in Berlin. Beigesetzt wurde sie neben ihrem Ehemann auf dem Gelände des Berliner Zoos.

7

Die Rosa-Luxemburg-Brücke

Fußgängerbrücke zur Lichtensteinallee

Rosa Luxemburg, um 1910

Dort, wo die Lichtensteinallee aus dem Tiergarten kommend auf den Landwehrkanal stößt, lädt seit 1987 eine moderne Fußgängerbrücke zum Überqueren des Kanals ein. Nur die eine Hälfte der Brücke ist öffentlich zugänglich, die andere den Gästen des Berliner Zoos vorbehalten. Bis zum Zweiten Weltkrieg verband hier eine ganz normale Steinbrücke, die Lichtensteinbrücke, die beiden Kanalufer. Diese alte Brücke war am späten Abend des 15. Januar 1919 Schauplatz eines spektakulären Mordes: Hier ist Rosa Luxemburgs Körper „tödlich verwundet oder tot" in den Landwehrkanal geworfen worden. Am südlichen Kanalufer, in Höhe der neuen Fußgängerbrücke, erinnert seit 1987 ein Denkmal daran.

Die genauen Umstände des Mordes sind nie ganz geklärt worden. Fest steht nur: Die deutsche Revolution war noch nicht niedergeschlagen, der Streit um eine parlamentarische Demokratie oder Rätedemokratie in Deutschland nicht entschieden. Rosa Luxemburg wurde steckbrieflich als „Rädelsführerin" der Januaraufstände gesucht. Das aber war sie nicht gewesen, sie trat zum damaligen Zeitpunkt gegen eine Forcierung der Auseinandersetzungen mit der Staatsmacht ein, da sie glaubte, die Zeit sei noch nicht reif für einen Sieg des Proletariats – eine Meinung, mit der sie sich aber in der gerade von ihr mit gegründeten KPD nicht durchsetzen konnte. Doch es gab einen Haftbefehl gegen sie, sie musste sich verstecken. Wie Karl Liebknecht und Wilhelm Pieck wurde sie denunziert und von der sogenannten Bürgerwehr in Wilmersdorf verhaftet. Man brachte sie zum Hauptquartier der Garde-Kavallerie-Schützen-Division, dem Nobelhotel Eden an der heutigen Budapester/Ecke Kurfürstenstraße, wo heute die Grundkreditbank steht.

Der Generalstabschef Hauptmann Waldemar Pabst hatte entschieden, dass Rosa Luxemburg und Karl Liebknecht umgebracht werden sollten. Während des Verhörs wurde Rosa Luxemburg schwer misshandelt, nach Zeugenaussagen blutete sie beim Verlassen des Hotels aus Nase und Mund. Der Soldat Runge hat mit dem Gewehrkolben auf sie eingeschlagen, als sie in ein Auto gedrängt wurde, das sie angeblich vom Hotel Eden zum Frauengefängnis bringen sollte. „Darauf warf man sie in ein Auto, wobei sie ihren Schuh verlor, einen Halbschuh; den nahm ein Soldat an sich und wollte ihn sich als Andenken aufbewahren. Er zeigte ihn uns auch." So beschrieb Anna Wadinger, eine Wäscherin des Eden-Hotels, die Vorgänge. Als der Wagen abfuhr, sprang der Marineleutnant Souchon von hinten auf das Auto und schoss Rosa Luxemburg eine Kugel in den Kopf. Danach kehrte der Mörder ins Hotel zurück. Der Wagen raste zur Corneliusbrücke, bog dort links ein und hielt an der Lichtensteinbrücke. Die Männer warfen Rosa Luxemburg ins Wasser.

Rosa Luxemburg ist zweimal beerdigt worden. Am 25. Januar 1919 wurde ihr leerer Sarg neben dem von Karl Liebknecht auf dem Friedhof in Friedrichsfelde in die Erde gelassen. Liebknecht war am 15. Januar im Tiergarten hinterrücks erschossen worden. Erst am 31. Mai wurde die Leiche von Rosa Luxemburg an der Unteren Freiarchenbrücke, nahe der Unterschleuse im Tiergarten, aus dem Wasser geborgen. Die Regierenden ließen ihre Leiche nach Zossen in das Garnisonslazarett eines Truppenübungsplatzes bringen. Ihre langjährige Sekretärin Mathilde Jacob holte den Leichnam zurück nach Berlin. Am 13. Juni 1919 wurde Rosa Luxemburg wirklich in Friedrichsfelde beigesetzt, ihr Trauerzug quer durch die Stadt ist von Tausenden von Menschen begleitet worden.

Die Mörder von Rosa Luxemburg und Karl Liebknecht wurden nie ernsthaft zur Verantwortung gezogen. Zwar hat es aufgrund des massiven Drucks der Öffentlichkeit einen Prozess gegeben, doch wurde der von einem Kriegsgericht eben der Division durchgeführt, die verantwortlich für die Tat war. Denkbar milde Urteile wurden gesprochen; die beiden des Mordes Hauptverdächtigen erhielten Gefängnisstrafen von wenig mehr als zwei Jahren. Einer von ihnen entzog sich der Strafe durch Flucht nach Holland und wurde im Jahr darauf amnestiert. Ein weiterer Angeklagter wurde zu sechs Wochen „geschärften Stubenarrests" verurteilt, die anderen freigesprochen.

Vielleicht ahnte Rosa Luxemburg ihren gewaltsamen Tod. Zwei Monate zuvor hatte sie an Freunde, die ihren Sohn in den letzten Tagen des Ersten Weltkrieges verloren hatten, geschrieben: „Ihr Lieben, laßt Euch nicht durch den Schmerz überwältigen, laßt die Sonne, die in Eurem Hause immer strahlt, nicht hinter diesem Entsetzlichen verschwinden. Wir alle stehen unter dem blinden Schicksal, mich tröstet nur der grimmige Gedanke, daß ich doch auch vielleicht bald ins Jenseits befördert werde – vielleicht durch eine Kugel der Gegenrevolution, die von allen Seiten lauert ..."

In West-Berlin tat man sich lange schwer mit einer Ehrung der sozialistischen Kämpferin. Eine lebhafte Debatte im West-Berliner Abgeordnetenhaus über die Benennung der neuen Brücke zur Lichtensteinallee im November 1986 führte lediglich dazu, dass die Errichtung eines Denkmals anempfohlen wurde. Dieses Denkmal wurde schließlich von dem Architektenehepaar, das die Brücke entworfen hat, gespendet. Es ist nicht ganz einfach zu entdecken. In unmittelbarer Nähe der neuen Fußgängerbrücke am Südufer des Kanals ragt eine dunkle Stahlplatte ins Wasser hinein, vom Ufer aus ist darauf der schlichte Namenszug „Rosa Luxemburg" zu erkennen. Dieses Denkmal wurde 1987 in der DDR vom Kunstguss VEB Lauchhammer gegossen, die Formen stammten aus West-Berlin. Damit wollten die Stifter eine „gesamtdeutsche Würdigung" Rosa Luxemburgs erreichen. Nach der Wende wurden im ehemaligen Ost-Berlin zahlreiche Straßen, Plätze und Brücken umbenannt, doch Rosa Luxemburg ist weiterhin im Berliner Stadtplan vertreten, wenn auch nicht mit dieser Brücke.

8

Minna Cauer, die radikale Bürgerliche

Schillstraße 10

Anita Augspurg, Marie Stritt, Lily von Gizycki, Minna Cauer und (vermutlich) Sophia Goudstikker (von links)

Die Schillstraße im Lützowviertel, anschließend die Nettelbeckstraße (heute: An der Urania) waren ab 1880 Wohnort von Minna Cauer, Aktivistin der Frauenbewegung. Am 1. November 1841 in Freyenstein geboren, einem kleinen Ort in der Mark Brandenburg, absolvierte die Pfarrerstochter Minna Schelle nach dem Besuch einer höheren Töchterschule eine Lehrerinnenausbildung und heiratete mit 21 Jahren den Arzt August Latzel. Drei Jahre später war sie verwitwet, das einzige Kind zweijährig an Diphtherie gestorben. In zweiter Ehe heiratete sie 1869 den wesentlich älteren, liberalen Pädagogen Eduard Cauer, der sich um Mädchenerziehung und Lehrerinnenausbildung verdient gemacht hatte. Mit ihm ging sie 1876 nach Berlin. Als er 1881 starb, verließ sie die Stadt und zog sich sieben Jahre lang nach Dresden zurück. Sie erforschte die Geschichte der Frau. 1888 kehrte sie – inzwischen Ende vierzig – nach Berlin zurück und begann sich in der Frauenbewegung zu engagieren. Bald zählte sie zu ihren kompromisslosesten Kämpferinnen. 1888 trat Minna Cauer zum ersten Mal in die Öffentlichkeit, als ihr der Aufbau und die Leitung des Vereins „Frauenwohl" in Berlin angetragen wurde: „Man wollte von mir wissen, ob ich geneigt sei, einen Verein zu gründen, der sich mit der Frauenbewegung beschäftigen solle. Meine Antwort war verneinend, da ich von alledem nichts verstände. Eine Woche darauf hatte man mich soweit überredet, daß ich die Sache dennoch annahm, unwillig, zögernd." Nach anfänglichem Zögern führte sie umso energischer bis 1919 den Vorsitz des Vereins, der als sein Ziel formulierte, „Anregungen zu geben, Aufklärung zu bringen, Lücken auszufüllen, Einheitlichkeit und Harmonie anzustreben auf einem so schwerwiegenden Gebiet, wie das Frauenleben es nun einmal in der Gegenwart darstellt." In wenigen Jahren entwickelte sich „Frauenwohl" zu einem kämpferischen Verein, der viele weitere Vereinsgründungen nach sich zog. Als sich der Verein ab 1892 nicht mehr allein für die Frauen- und Mädchenbildung einsetzte, sondern für die Rechtsstellung der Frau, den Neuentwurf des Bürgerlichen Gesetzbuches und das Frauenstimmrecht kämpfte, kam es zum Bruch mit den Gemäßigten, die aus dem Verein austraten.

1894 organisierte „Frauenwohl" die erste öffentliche Volksversammlung. Sie fand im Großen Saal des Konzerthauses in der Leipziger Straße 48 statt. „Bis in die Galerien hinauf drängten sich die Menschen. An langen Tischen unter der Rednertribüne saßen mit blasierten Gesichtern die Journalisten. Mit triumphierenden Lächeln, den Kopf von einem Spitzenschleier malerisch bedeckt, die ebenmäßige Gestalt eng von schwarzer Seide umschlossen, stand (sie) neben mir", schreibt Lily Braun über Minna Cauer, die die Veranstaltung leitete. Als erster bürgerlicher Frauenverein forderte „Frauenwohl" auf der Versammlung öffentlich das Wahlrecht.

1899 gründete Minna Cauer mit Anita Augspurg den „Verband Fortschrittlicher Frauenvereine", den Dachverband der radikalen Frauenvereine, und führte den Vorsitz, bis der Verband 1907 dem „Bund Deutscher Frauenvereine" angegliedert wurde. Ebenfalls 1899 wurde sie Mitbegründerin des „Kaufmännischen Hilfsvereins für weibliche Angestellte", der den neuen Frauenberufszweig vertrat. Er unterstützte die Angestellten bei der Stellensuche, förderte ihre Weiterbildung, bemühte sich um Freizeitangebote und leistete Rechtsberatung. 1902 wurde Minna Cauer Mitbegründerin des „Deutschen Vereins für Frauenstimmrecht" in Hamburg, der sich für die Aufhebung des Vereinsrechtes, das Frauen ausschloss, und für das Frauenwahlrecht im ganzen Reich einsetzte, um die volle politische Gleichstellung der Frauen zu erreichen. 1909 entstand die Berliner Dependance, der „Preußische Landesverein für das Frauenstimmrecht". 25 Jahre lang, von 1895 bis 1919, gab Minna Cauer die Zeitung „Die Frauenbewegung" heraus, das Organ der radikalen Feministinnen – ihr Sprachrohr und Lebenswerk. Minna Cauer engagierte sich in der internationalen Frauenbewegung, trat als Rednerin auf Konferenzen in London, Brüssel, Kopenhagen, Amsterdam, Stockholm und Rom hervor.

Zunehmend geriet sie jedoch in Isolation innerhalb der Frauenbewegung, ihre Position als radikale Bürgerliche zwischen dem linken und rechten Flügel der Frauenbewegung schaffte ihr auf beiden Seiten viele Gegnerinnen und entzog ihr zunehmend die Basis in den Organisationen, in denen sie sich engagierte. Über die Ergebnisse der Revolution 1918/19 für die Frauenbewegung war sie enttäuscht. In ihren letzten Lebensjahren zog sich Minna Cauer zunehmend resigniert und desillusioniert zurück: „Täglich will ich an das Schreiben meiner Memoiren gehen, aber es schreckt mich etwas davon zurück. Wenn ich alles offen, wahr und ehrlich darstellen will, dann wird es das Bild einer ewig suchenden Frau, sie sich Ideale aufbaute für sich, für die Freunde, für das Vaterland, für die Menschheit und alles ging in Trümmer", notierte sie am 12. Februar 1922 in ihrem Tagebuch.

Minna Cauer starb am 3. August 1922. Begraben ist sie auf dem Alten St. Matthäus-Kirchhof in Schöneberg. Noch zu ihren Lebzeiten war die Mädchen-Mittelschule in der Kreuzberger Ritterstraße in „Minna-Cauer-Schule" benannt worden. Heute trägt weder eine Schule noch eine Straße ihren Namen. Unmittelbar nach dem Zweiten Weltkrieg wurde der Vorschlag gemacht, die nach dem preußischen General benannte Mansteinstraße in Schöneberg in „Minna-Cauer-Straße" umzubenennen. Der vom Landkartenverlag Schwarz 1946 herausgegebene Stadtplan verzeichnete schon optimistisch, wenn auch in Klammern gesetzt, eine solche Straße, doch der Berliner Magistrat stimmte der Umbenennung nicht zu. Die Cauerstraße in Charlottenburg erinnert an Ludwig Cauer, Minnas Schwiegervater und Gründer der Cauerschen Erziehungsanstalt.

9

Deutscher Lyceum-Club

Lützowplatz 15

Die Eröffnung des Lyceum-Clubs 1905

Wir kennen es aus alten, englischen Krimis von Dorothy Sayers: Männer gehen in den Klub – zum Essen, zum Reden, zur Erholung und Geselligkeit. Warum nicht auch Frauen, dachte sich eine Engländerin, die im Jahre 1903 den ersten „Lyceum-Club" gründete, „eine Vereinigung der geistig und künstlerisch schaffenden Frauen aller Länder". Alle „Lyceum-Clubs" sollten international verbunden sein. Sicher nicht zufällig gab in Berlin die in England und Deutschland zweisprachig aufgewachsene Marie von Bunsen den Anstoß, den ersten deutschen „Lyceum-Club" ins Leben zu rufen.

1905 war das Geburtsjahr dieses Frauenklubs in Berlin, Potsdamer Straße 118b (heute etwa in Höhe Nr. 65-67). Ein Büro wurde eingerichtet und ein kleiner Laden für den Verkauf von Kunstgewerbe, es gab Gesellschafts- und Ausstellungsräume, ein Musik- und ein Spielzimmer sowie natürlich Gästezimmer für Frauen, die von auswärts kamen oder aus anderen Gründen eine Weile im Klub logierten. Gräfin Helene Harrach und Hedwig Heyl wurden für den Vorsitz gewonnen, die eine zum

Repräsentieren, die andere zum Organisieren. Vereine unterstanden damals häufig dem Protektorat einer bekannten Persönlichkeit, die durch ihre Beziehungen zum Wohle des Vereins wirkte, ohne mit der Alltagsarbeit belastet zu werden. Diese Funktion übernahm Carmen Sylva, Schriftstellerin und Königin von Rumänien. Bald trennte man sich vom englischen Mutterklub. Schnell hatte Hedwig Heyl neue Räume in der Viktoriastraße (die von der heutigen Potsdamer Brücke nach Norden verlief) im Tiergartenviertel gefunden – im Haus einer Freundin. Der Klub zog um.

Die Trennung vom internationalen Verband brachte eine Namensänderung mit sich: am 17. März 1907 wurde der „Deutsche Lyceum-Club" gegründet. 31 Frauen gehörten dem ersten Vorstand an, unter ihnen Marie von Bunsen, aber auch Gertrud Bäumer und ihre Freundin Helene Lange, Clara Viebig, Marie Raschke, Julie Wolfthorn und die Frauen des Geschäftsführenden Ausschusses, den der Vorstand aus seiner Mitte wählte: Gräfin Harrach, Hedwig Heyl, Ellen von Siemens und Emilie Mosse. Die Viktoriastraße war nur eine Übergangsadresse, Am Karlsbad 12/13 lautete die Klubanschrift ab 1910. Doch auch dies war nur eine Zwischenstation, denn aufgrund der auch finanziell sehr erfolgreichen Ausstellung „Die Frau in Haus und Beruf", die 1912 in den Ausstellungshallen am Zoo gezeigt wurde, konnte der Klub endlich ein eigenes Haus erwerben, das über Jahrzehnte sein Domizil bleiben sollte. Das Gebäude am Lützowplatz 8 (heute Nr. 15, das alte Haus steht nicht mehr) wurde nach Plänen der Architektin Emilie Winkelmann umgebaut, die Innengestaltung durch die Kunstgewerblerinnen des Klubs vorgenommen. Einzug war im Herbst 1914. Der Klub lag in einer damals guten Gegend und für die Damen aus dem Tiergartenviertel immer noch in Spazierwegnähe.

Im „Deutschen Lyceum-Club" konnte nicht jede Mitglied werden. Es war ein ausgesuchter, geradezu elitärer Kreis von Damen, der sich hier traf. Die Mitgliedschaft erforderte neben der Bürgschaft zweier Klubmitglieder eine passende gesellschaftliche Stellung und Bildung. Aus den Aktivitäten, Kommissionen und Programmen lässt sich schließen, dass viele künstlerisch und kunstgewerblich arbeitende Frauen Mitglied waren, so dass auch enge Verbindungen zum Verein Berliner Künstlerinnen und Kunstfreundinnen bestanden. Daneben waren Schriftstellerinnen und an Literatur interessierte Frauen zahlreich vertreten, ebenso Aktivistinnen der Frauenbewegung und Wohlfahrtseinrichtungen. In dem großen Haus am Lützowplatz wurden Vorträge gehalten, es fanden Konzerte, Teenachmittage, Lesungen, Ausstellungen, Diskussionen statt, es gab einen Theatersaal für 200 Personen, eine Bibliothek, ungefähr 15 Gästezimmer sowie natürlich Gelegenheit, sich zum Diner zu treffen, Konferenzen abzuhalten oder ein Fest zu feiern, z.B. die beliebten jährlichen Kostümfeste. Die Vereinszeitung „Deutscher Lyceum-Club" erschien monatlich. Frauen unterschiedlichster politischer Meinung trafen sich im Klub und arbeiteten mitunter auch zusammen, so wenn es um politische Aktionen zur Frauenerwerbstätigkeit ging oder um soziale Fragen. Im „Hilfskomitee des Deutschen Lyceum-Clubs zur Gründung eines Frauenkrankenhauses unter der Leitung weiblicher Ärzte" waren so unterschiedliche Frauen wie die konservative Hedwig Heyl und die radikale Minna Cauer vertreten.

Nach der Revolution, während der Weimarer Republik, mussten sich viele der großbürgerlichen Damen auf eine ganz neue Situation einstellen, auch was ihre wirtschaftliche Lage anbetraf. Doch der Klub blieb bestehen. In den zwanziger Jahren hatte der Verein noch etwa 1.220 Mitglieder. Von 1926 ist ein gedrucktes Mitgliederverzeichnis erhalten: „Frau Gertrud Bäumer, Ministerialdirektor" und „Fräulein Helene Lange" sind immer noch dabei, ebenso Else Schulhoff, Emilie Winkelmann und Marie von Bunsen. 1933, als fast alle anderen Frauenvereine sich auflösten, um der Zwangsmitgliedschaft in der NS-Frauenschaft zu entgehen, passte sich der Klub an und wurde Mitglied im „Deutschen Frauenwerk". Die Vorsitzende Else Paul war stellvertretende Reichsfrauenführerin und unterzeichnete mit „Heil Hitler". Das Haus am Lützowplatz musste 1937 verkauft werden und wurde später zerbombt. 1941 wurde die Liquidation des Vereins von der Reichsfrauenführerin angeordnet und von der Mitgliederversammlung beschlossen, aber rechtlich nie durchgeführt.

Mitte der fünfziger Jahre trafen sich einige Ehemalige bei Kempinski zum Tee und beschlossen, ihren Klub wieder aufleben zu lassen. 18 Unterschriften ehemaliger Mitglieder kamen zusammen, um beim Amtsgericht einen Antrag auf Wiederbelebung zu stellen. Die erste Mitgliederversammlung fand im Oktober 1955 statt, alle 32 anwesenden Frauen kamen aus dem Westen Berlins. Drei Jahre später waren schon fast 100 Frauen versammelt.

Der „Deutsche Lyceum-Club Berlin e.V." hat seit seiner Neubelebung vor allem die internationalen Beziehungen auf seine Fahnen geschrieben, die Verbindungen zum Verein der Künstlerinnen sind wieder aufgenommen worden, Vorträge und Veranstaltungen werden arrangiert. Mitglied kann werden, wer zwei Bürginnen im Klub findet. Ein eigenes Klubhaus allerdings gibt es nicht mehr.

10

Das Bauhaus-Archiv

Klingelhöfer Straße 14

Weberinnen auf der
Bauhaus-Treppe in Dessau, 1927

Das auffällige weiße Gebäude des Bauhaus-Archivs wurde 1979 nach Entwürfen von Walter Gropius am Landwehrkanal, am Rande des Tiergartens, erbaut. Hier wird die Arbeit des Bauhauses dokumentiert, der berühmten Kunstschule, die von 1919 bis 1925 in Weimar, von 1925 bis 1932 in Dessau und kurze Zeit auch in Berlin existierte. Das Neue, Besondere an dieser Schule war der Versuch, Kunst und Handwerk zu verbinden. Neben Pflicht-Vorkursen, in denen Neigungen erprobt wurden, Unterricht in Architektur, Grafik und Malerei, gab es Werkstätten für Möbel, Metall, Keramik und Glas, Textilien, Wandmalerei, Bildhauerei, Typografie, Fotografie und Bühne. Das Berliner Bauhaus-Archiv sammelt und stellt Objekte von Künstlerinnen und Künstlern aus, die am Bauhaus gelernt, gearbeitet und gelehrt haben.

An der Bauhaus-Schule wurden von Anfang an Männer und Frauen aufgenommen. Schnell kristallisierte sich eine Frauenklasse heraus, nicht zuletzt auf Initiative der Studentinnen. Auch Walter Gropius, der Direktor der Schule, befürwortete diese Einrichtung – und sei es nur, um den Anteil der Frauen an der Architekturklasse gering zu halten. So entstand ein Frauenstudium in aller Ambivalenz: Die Frauenklasse ermöglichte einen Unterricht, der die spezifischen Kenntnisse der Frauen berücksichtigte und Freiheiten für Experimente bot, ohne Konkurrenz zu den männlichen Kollegen. Gleichzeitig führte sie zur Isolation der Studentinnen und der Festlegung auf den Arbeitsbereich Textilien, der in der Hierarchie der Werkstätten unten angesiedelt war.

1925, nach dem Umzug nach Dessau, wurde Gunta Stölzl Werkmeisterin der Weberei und übernahm die praktische und theoretische Ausbildung in diesem Fachgebiet. 1926 schrieb sie in „Offset", einem Bauhaus-Sonderheft, über den Zusammenhang von Weiblichkeit und Weberei: „Die Weberei ist vor allem das Arbeitsgebiet der Frau. Das Spiel mit Form und Farbe, gesteigertes Materialempfinden, starke Einfühlungs- und Anpassungsfähigkeiten, ein mehr rhythmisches als logisches Denken sind allgemeine Anlagen des weiblichen Charakters, der besonders befähigt ist, auf dem textilen Gebiet Schöpferisches zu leisten."

Schnell war aus einem typisch männlichen ein typisch weiblicher Beruf geworden: Die Weberei war aufgrund der schweren körperlichen Arbeit lange männlich bestimmt. Fehlende Berufsperspektiven im textilen Bereich verringerten die Attraktivität für Männer und die Umbewertung der Arbeit begann. Am 1. April 1927 übernahm Gunta Stölzl als erste Jungmeisterin der Schule die Gesamtleitung der Abteilung Weberei. Von ihr, Anni Albers, Otti Berger und Studentinnen der Weberei sind Wandbehänge und Textilentwürfe in Ausstellungen des Bauhaus-Archivs zu sehen.

In anderen Klassen blieben Frauen eine Ausnahme. Marianne Brandt war seit 1923 am Bauhaus und studierte in der Metallwerkstatt, 1928/29 leitete sie diese Abteilung stellvertretend. Sie entwarf Schalen, Tee- und Kaffeeservices, Lampen und Schmuck. Marguerite Friedlaender lernte in der Töpferei, sie entwarf Porzellan, das in der Staatlichen Porzellanmanufaktur (KPM) in Berlin hergestellt wurde. Als Lehrerinnen traten Frauen kaum in Erscheinung. Nur die Berliner Architektin Lilly Reich wurde 1932 zur Leiterin der Ausbauwerkstatt berufen, bis das Bauhaus 1933 durch die Nazis geschlossen wurde.

Vor allem auf dem Gebiet der Fotografie leisteten einige Frauen im Umkreis des Bauhauses Erstaunliches. Gertrud Arndt besuchte zunächst die Webereiklasse. Erst in den späten zwanziger Jahren, nach ihrer Heirat mit dem Architekten und Bauhäusler Alfred Arndt, begann sie zu fotografieren. Sie experimentierte autodidaktisch, es entstanden ihre Masken-Selbstportraits. Irene Bayer kam nach ihrer Heirat mit Herbert Bayer ans Dessauer Bauhaus. Sie besuchte fotografische Kurse an der Akademie für grafische Künste und Buchgewerbe in Leipzig. Lucia Moholy folgte 1923 ihrem Mann Laszlo Moholy-Nagy nach Weimar, wo er Lehrer am Bauhaus war. Sie hatte eine einjährige Fotografinnenlehre absolviert, studierte dann in Leipzig Reproduktions- und Drucktechnik an der gleichen Akademie wie Irene Bayer. Von Lucia Moholy stammen die ersten fotografischen Dokumentationen der Bauhausarchitektur, Fotografien der Werkstattarbeiten und Portraits der Bauhauslehrer. Die fotografischen Arbeiten von Gertrud Arndt, Irene Bayer und Lucia Moholy genießen heute große Anerkennung.

11

Dienstmädchen um die Jahrhundertwende

Tiergarten-Villenviertel

„Ich mußte früh um 1/2 6 aufstehen, im Sommer wie im Winter. Aber da mußte man schon vollständig angekleidet sein und auch sein Bett gemacht haben. Das Ende der Arbeit war verschieden. Eine Dame war empört darüber, daß ich abends um 10 Uhr schlafen gehen wollte. Dann hat man aber auch seine Sachen in Ordnung zu halten. Oft habe ich bis spät in die Nacht gesessen und genäht, gestopft, gestrickt usw. Aufbleiben mußte man im Sommer sehr oft, wenn die Herrschaften im Garten saßen bis spät in die Nacht, dann mußte man noch Gläser, Flaschen, Decken und sonst was in die Wohnung tragen. Im Winter auch, z.B. wenn die Herrschaften im Theater waren, wurde erst spät Abendbrot gegessen und man mußte noch das Geschirr waschen und was dazu gehört. (...) Auch bis nach Mitternacht hat man oft warten müssen, wenn die Herrschaften anderweit geladen waren, da mußte man sehr aufpassen, wenn der Wagen hielt, damit die hohen Herrschaften nicht schließen oder klingeln mußten.“ (aus O. Stillich, Die Lage der weiblichen Dienstboten in Berlin, Berlin 1902)

Berliner Dienstmädchen um die Jahrhundertwende waren jung, unverheiratet und vom Lande – drei wichtige Kriterien für die Arbeitgeberin, denn diese Mädchen und Frauen galten als billig, bescheiden und anspruchslos. Ein Dienstmädchen gehörte in bestimmten Gesellschaftsschichten zum Lebensstandard, ebenso wie es selbstverständlich war, dass die Frau des Hauses nicht arbeitete. Der Lohn wurde nur zum Teil in bar ausgezahlt und von diesem wenigen Geld schickten die Mädchen oft noch etwas zur Unterstützung der Familien nach Hause.

Das Arbeitsverhältnis war bestimmt von ständiger Verfügbarkeit, es erforderte ein Leben im Haushalt der Herrschaft und eine Arbeitszeit von durchschnittlich 16 Stunden täglich. Dienstmädchenarbeit verlangte Körperkraft, Geschick, Planungs- und Organisationstalent. Durch die ständige Kontrolle all ihrer Handlungen durch die Hausfrau hatten die „Mädchen" keinen persönlichen Freiraum – nur alle 14 Tage einen dienstfreien Sonntagnachmittag. Das „eigene Zimmer" war meist eine winzige Kammer, eine Schlafstelle im Bad oder auf dem Hängeboden. Sexuelle Belästigung oder sogar Vergewaltigung durch die Männer der Familien waren keine Seltenheit. So nimmt es nicht Wunder, dass die Fluktuation sehr groß war; im Durchschnitt blieben Dienstmädchen nur sieben Monate in einer Stellung.

Die Nachfrage aber war so groß, dass man eigentlich erwarten könnte, die Hausfrauen hätten die Arbeitsbedingungen möglichst angenehm gestaltet, um „ihr Mädchen" zu halten. Das hatten die Berliner Damen aber nicht nötig, gut klingende Angebote erwiesen sich für die Dienstmädchen meist als leere Versprechungen. Die damalige Gesindeordnung schrieb die weitgehende Rechtlosigkeit der Dienstmädchen fest; eine Kündigung von ihrer Seite war nicht eben einfach. Sie konnten zwar weglaufen, wurden dann aber meistens von der Polizei gesucht. Oder sie konnten eine Kündigung provozieren; das bedeutete aber ein schlechtes Zeugnis und einen entsprechenden Eintrag in das Gesindebuch – fast unmöglich, damit wieder eine Stellung zu finden, geschweige denn eine bessere. Es war selbstverständlich, dass eine Heirat oder ein Kind das Dienstverhältnis beendeten, ganz abgesehen von den vielen kleinen Gründen, die von Hausfrauen noch zur Kündigung benutzt worden sind. Viele Dienstmädchen wechselten deshalb den Beruf, sowie sich etwas Besseres anbot.

Mit der Revolution in Deutschland 1918/19 wurde die alte Gesindeordnung aufgehoben, sicher nicht zuletzt deshalb, weil die Dienstmädchen in Berlin schon seit der Jahrhundertwende begonnen hatten, sich zu organisieren, um für bessere Arbeits-, Wohn- und Lebensbedingungen zu streiten. Einer der Erfolge bestand darin, dass Dienstmädchen nicht mehr in den Haushalten der Herrschaften leben mussten, sondern ihr eigenes Leben neben ihrer Arbeit führen konnten.

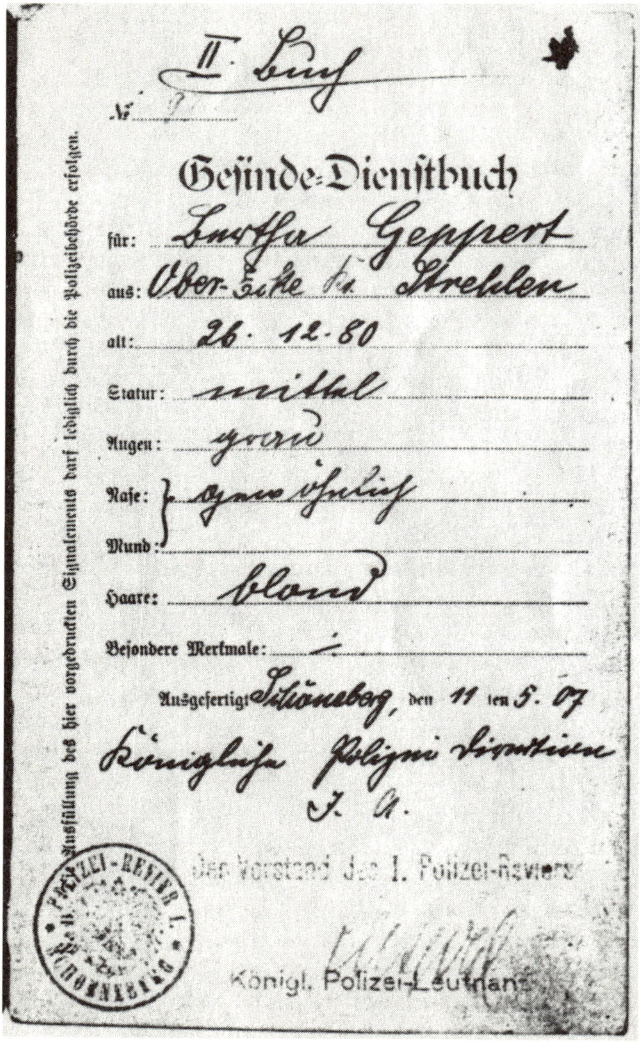
II. Buch

№

Gesinde-Dienstbuch

für: Bertha Geppert

aus: ... Strehlen

alt: 26. 12. 80

Statur: mittel

Augen: grau

Nase: } gewöhnlich

Mund:

Haare: blond

Besondere Merkmale: –

Ausgefertigt Schöneberg, den 11 ten 5. 07

Königliche Polizei-Direktion

I. A.

Der Vorstand des I. Polizei-Reviers

Königl. Polizei-Leutnant

POLIZEI-REVIER I. SCHÖNEBERG

Ausfüllung des hier vorgedruckten Signalements darf lediglich durch die Polizeibehörde erfolgen.

Gesindebuch eines Berliner Dienstmädchens

12

Hedwig Dohm

Tiergartenstraße 19

Im Tiergartenviertel, in der Tiergartenstraße 19, wohnte seit etwa 1890 Hedwig Dohm, eine engagierte Frauenrechtlerin, die dem radikalen Flügel der bürgerlichen Frauenbewegung zugerechnet wird.

Marianne Adelaide Hedwig Dohm wurde am 20. September 1833 in Berlin als Tochter des jüdischen Tabakfabrikanten Gustav Schleh geboren, sie war das vierte von insgesamt 18 Kindern. Ihre Schulbildung endete, wie es damals üblich war, im Alter von 15 Jahren. Hedwig Dohm versuchte sich durch Selbststudium weiterzubilden. Doch musste sie sich vor allem der von ihr gehassten Hausarbeit, insbesondere der Handarbeit widmen und war zuständig für die Betreuung ihrer Geschwister. Die revolutionären Ereignisse im Jahre 1848 weckten ihr politisches Bewusstsein und soziales Engagement. Sie setzte eine Lehrerinnenausbildung durch, empfand das Lernniveau der „kleinen niedlichen Fortbildungsanstalt" jedoch als zu niedrig.

In der Zeit nach 1848 lernte sie Ernst Dohm kennen, einen Redakteur des „Kladderadatsch", einer der bedeutendsten politisch-satirischen Zeitschriften des 19. Jahrhunderts. Die Ehe mit Dohm brachte Hedwig mit den führenden literarisch-künstlerischen Kreisen in Berlin zusammen. Über Jahre hinaus hatte sie montags ihren „jour", einen Treffpunkt für Schriftstellerinnen und Frauenrechtlerinnen. Helene Lange und Lily Braun waren hier anzutreffen. Die Eheverhältnisse waren angespannt durch die Spielleidenschaft und die Untreue des Ehemannes. Wegen Verschuldung musste die Familie zeitweilig Berlin verlassen und zog nach Weimar. Hedwig Dohm hatte vier Töchter und einen Sohn, der früh verstarb. Sie hat darauf bestanden, dass alle ihre Töchter einen Beruf erlernten. Die älteste Tochter Hedwig wurde Schauspielerin und heiratete 1878 den Münchner Mathematikprofessor Alfred Pringsheim. Die Tochter aus dieser Verbindung, Katja Pringsheim, wurde später Ehefrau des Schriftstellers Thomas Mann. Hedwig Dohm schätzte ihn zwar als Schriftsteller, hielt ihn aber ansonsten für einen „rechten Pimperling" und „verdammten alten Antifeministen".

Hedwig Dohms literarisches Schaffen begann während ihrer Schwangerschaften, aber erst mit dem Tod ihres Mannes 1883 und der Verheiratung ihrer Töchter gewann sie die Unabhängigkeit, die es ihr erlaubte sich ganz ihren literarischen Arbeiten zu widmen. Sie avancierte zu einer der führenden feministischen Autorinnen ihrer Zeit, beteiligte sich an Vereinsgründungen, trat aber nie öffentlich auf. Bekannt wurden ihre Streitschriften „Was Pastoren von den Frauen denken", „Der Jesuitismus im Hausstande" und „Die wissenschaftliche Emancipation der Frau". Sie äußerte sich ironisch über die Doppelmoral der Männer und die Verklärung des Hausfrauendaseins. „Die Windeln, die du hinter dem Ofen trocknest, sind Trophäen der Mutterliebe", erklärte sie ihren Geschlechtsgenossinnen.

Ihre Forderungen nach politischer, juristischer und ökonomischer Gleichbehandlung übertrafen in der damaligen Zeit die Ziele der Frauenvereine. Sie äußerte sich auch eindeutig zur Dienstbotenfrage, kritisierte die schlechte Behandlung der Dienstmädchen, den Standard von Unterbringung und Verpflegung und forderte, den Dienst im Haushalt als Beruf anzuerkennen. Ihre Vision für die Zukunft war, dass Frauen und Männer die Arbeit im Haushalt gemeinsam erledigen, wobei der technische Fortschritt zu einer wesentlichen Erleichterung beitragen werde.

Hedwig Dohm gehörte innerhalb der Frauenbewegung zur Minderheit der Pazifistinnen, die sich von der allgemeinen Kriegsbegeisterung im Ersten Weltkrieg nicht anstecken ließen. Ihr Engagement für die Frauenbewegung blieb bis zu ihrem Tode uneingeschränkt. So schrieb sie: „Höre, alte Frau, was eine andere alte Frau dir sagt: ... Habe Mut zum Leben! Denk keinen Augenblick an dein Alter. Tu was dir Freude macht, soweit dir Geist und Körperkräfte reichen." Noch 1918, in zwei ihrer letzten Aufsätze, kämpfte sie für ihre alte Forderung nach dem Stimmrecht für Frauen, das wenige Monate später vom Parlament zugestanden wurde.

1919 starb Hedwig Dohm im Alter von 87 Jahren, begraben wurde sie auf dem Matthäikirchhof in der Großgörschenstraße. Das Grab ist nicht mehr erhalten.

13

Im Ruderboot durch Deutschland: Marie von Bunsen

Reichpietschufer 72-76

Marie von Bunsen, um 1910

„Im Ruderboot durch Deutschland": Dieser und andere Reiseberichte machten Marie von Bunsen bekannt als die Frau, die allein durch die Welt zog. England, Frankreich, Spanien, Sizilien, Nordafrika, Asien hatte sie bereist – und das um die Jahrhundertwende.

Marie von Bunsen selbst verstand die Aufregung nicht, die sie verursachte. Sie sei eigentlich ein häuslicher Typ, habe nur kein Interesse, jedes Jahr in den gleichen Kurort zu fahren, schrieb sie in ihren Erinnerungen. Und sie reise gerne allein, das Alleinreisen habe einen „eindrucksverstärkenden Vorteil". Allerdings: Marie von Bunsen reiste nicht ohne Dienerschaft und wenn sie nach einer Tageswanderung oder Ruderstrecke ihr Ziel erreichte, hatte die Zofe bereits das Zimmer behaglich gemacht, die Koffer ausgepackt, das Bad gerichtet und die Abendgarderobe herausgelegt. Doch sie hatte auch so genug Probleme zu meistern. Des öfteren wurde sie polizeilich überprüft und verhört, und jedes

Mal aus demselben Grund: Sie wurde angezeigt, weil sie allein war, Neugierde für alles zeigte und, das Schlimmste: sie rauchte. Dies galt für Frauen in der Öffentlichkeit als undenkbar.

Wenn sie nicht auf Reisen war – und das war sie doch den größten Teil des Jahres –, lebte sie im „alten Westen" Berlins. Sie ist zwar mehrmals umgezogen, nie aber hat sie anderswo gewohnt als im vornehmen Kielgan- oder Tiergartenviertel. Marie von Bunsen war von Haus aus reich genug, sich wenigstens zwei Dienstboten zu leisten. Ihr Lebensstil orientierte sich an Adel, Hof, Etikette und passendem gesellschaftlichen Umgang. Wohltätigkeit für die Armen gehörte genauso dazu wie kulturelles und politisches Interesse. Letzteres war bei Marie von Bunsen besonders ausgeprägt. In ihren Lebenserinnerungen heißt es über die Revolution im November 1918 in Berlin: „Zum Nachmittagstee war ich von Exzellenz von Beseler (Alsenstraße 8) eingeladen und ging durch den Tiergarten hin. Bald hörte ich das harte Aufschlagen der Maschinengewehre, ab und zu Salven. Dann kamen aus den Seitenwegen laufende Menschen, schrien mich an: 'Kehren Sie um, in der Siegesallee wird geschossen.' So pirschte ich mich durch die Große Querallee nach der Alsenstraße." Konvention und Mut, typisch für Marie von Bunsen. Es ist Revolution, aber die Verabredung zum Tee wird eingehalten.

Marie von Bunsen wurde am 16. Januar 1860 in London geboren. Ihre Kindheit und Jugend verbrachte sie im Tiergartenviertel und in der Maienstraße, unweit des Nollendorfplatzes. Sie besuchte die Höhere Töchterschule und das angeschlossene Lehrerinnenseminar von Lucie Crain in der Landgrafenstraße 3, an dem sie auch von Helene Lange unterrichtet wurde. Doch hatte sie keine Lust einen Beruf zu ergreifen; sie tanzte fortan auf Bällen, malte Aquarelle, reiste, wanderte, schrieb ein bisschen, entwickelte anerkannte journalistische Fähigkeiten – und suchte einen Ehemann. Sie fand keinen, der ihren Ansprüchen genügte. Erst mit 42 Jahren, nach dem Tod ihrer Eltern, zog sie in eine eigene Wohnung in der Königin-Augusta-Straße 41 (heute Reichpietschufer 72-76).

Marie von Bunsen kannte jeden und jede im Tiergartenviertel und Geselligkeit war für sie nicht nur gesellschaftliche Notwendigkeit, sondern persönliche Passion und natürliche Aufgabe von Frauen. Aber die Damen machten es nicht nur ihren Männern nett, sondern auch sich selbst, beispielsweise im „Lyceum-Club" am Lützowplatz, an dessen Gründung Marie von Bunsen entscheidenden Anteil hatte.

1914, nach Beginn des Ersten Weltkriegs, arbeitete sie im „Vaterländischen Frauenverein" und als Hilfsschwester im Elisabeth-Krankenhaus in der Lützowstraße. Im Oktober 1917 gelang ihr sogar eine Reise an die

Front nach Belgien, zusammen mit sieben anderen Damen. „Sensationslüstern und grausam“ nennt sie ihre Kriegsbegeisterung später in ihren Erinnerungen.

Die Revolution 1918 war ein schwerer Schlag für die Monarchistin Marie von Bunsen. Von Frauenstimmrecht und Parlamentarismus hatte sie nie etwas gehalten. Nun war beides da und als loyale Untertanin stellte sie sich sofort den neuen Pflichten: Sie informierte sich, hielt Vorträge über das parlamentarische System und die neue Verantwortung der Frauen und schloss sich der Deutsch-Demokratischen Partei (DDP) an. Zu dieser Zeit wohnte sie schon in der Corneliusstraße 4a.

In der Inflationszeit Anfang der zwanziger Jahre wurde das Budget knapper, zum ersten Mal in ihrem Leben musste Marie von Bunsen eigenhändig Hausarbeiten erledigen und war erstaunt über die „geistige Inanspruchnahme“ durch diese Arbeit. Doch richtete sie sich in dem neuen Leben ein. Sie schrieb ihre Lebenserinnerungen und ließ noch einige historische Werke folgen, z.B. über die Kaiserin Augusta. Im damaligen „Who is who“, dem „Reichshandbuch der deutschen Gesellschaft“ von 1930, wird sie „Schriftstellerin, Biographin, Kritikerin und Aquarellistin“ genannt.

Am 28. Juni 1941 starb Marie von Bunsen, die ihr ganzes Leben im oder am Tiergartenviertel verbracht hatte – wenn sie nicht gerade auf Reisen war.

Die Hildebrandstraße in Tiergarten,
rechts das Wohnhaus Hedwig Heyls

14

Mildred Harnack-Fish und die „Rote Kapelle"

Genthiner Straße 14

Im sogenannten Bendlerblock, dem hinteren Gebäudekomplex des Reichpietschufers 74-76, befand sich während des Nationalsozialismus das Oberkommando des Heeres. Heute ist hier die Gedenkstätte Deutscher Widerstand untergebracht. Gegenüber dem Reichpietschufer, in der Genthiner Straße, im 3. Stock der damaligen Woyrschstraße 16 (das Haus wurde im Krieg zerstört), lebten Mildred und Arvid Harnack.

Mildred Harnack-Fish war Amerikanerin, sie hatte 1926 Arvid Harnack geheiratet und war ihm nach Gießen und 1930 nach Berlin gefolgt. Die Literaturwissenschaftlerin arbeitete in den dreißiger Jahren als Lektorin und Dozentin am Berliner Abendgymnasium für Erwachsene und an der Volkshochschule Groß-Berlin, seit Sommer 1941 war sie Sprachlehrbeauftragte für die amerikanische Literatur der Gegenwart an der Berliner Universität. Sie arbeitete an einer umfassenden Darstellung der neuesten amerikanischen Literaturgeschichte. Darüber hinaus übersetzte sie Erzählungen und Romane aus dem Englischen ins Deutsche und umgekehrt Texte und Gedichte aus dem Deutschen ins Englische. Mildred Harnack und ihr Ehemann, der ab 1935 als Oberregierungsrat im Reichswirtschaftsministerium tätig war, begannen bereits 1933 Nazi-Gegner um sich zu scharen. In ihrer Wohnung, damals noch Hasenheide 61 in Kreuzberg, führten sie antifaschistische Schulungskurse und politische Gesprächskreise durch. Sie bauten eine weit verzweigte Widerstandsgruppe auf, in der alle gesellschaftlichen Schichten und unterschiedliche politische Meinungen vertreten waren: Menschen aus Arbeiter-, Künstler- und Wissenschaftskreisen, solche, die sich als bürgerliche Demokraten verstanden genauso wie Kommunistinnen und Kommunisten.

Seit Ende der dreißiger Jahre kooperierte die Widerstandsorganisation um die Harnacks mit der Gruppe um das Ehepaar Schulze-Boysen, die Schriften gegen das Nazi-Regime und später gegen den Krieg verfasste und verbreitete und Plakate gegen Hitler klebte. Gemeinsam wurden Kontakte zu ausländischen Zwangsarbeitern aufgenommen, um auch ihnen übersetzte antifaschistische Schriften zukommen zu lassen.

Mildred Harnack-Fish war zeitweise Präsidentin des amerikanischen Frauenklubs in Berlin und als solche konnte sie Empfänge in der amerikanischen Botschaft veranstalten, wo es sich ungefährdet treffen und sprechen ließ, da die Botschaft außerhalb der Zugriffsmöglichkeit der Nazis lag.

Die größte Hilfe erhofften sich die Mitglieder der Widerstandsgruppe von der Sowjetunion. Deshalb begannen sie im Frühjahr 1941, alle Informationen, die sie über die militärischen Pläne der Nazis und die wirtschaftliche Situation in Deutschland zusammentragen konnten, ins Ausland, vornehmlich in die Sowjetunion zu funken. Auf das Funken geht auch der Name der Gruppe zurück, der ihr von der Gestapo gegeben wurde: die „Rote Kapelle“. In Funkerkreisen heißen Sendestationen, die mit derselben Empfangsstation in Verbindung stehen, „Kapelle“.

Im Sommer 1942 kam die Gestapo der „Roten Kapelle“ auf die Spur; bei einer Verhaftungswelle gerieten über 130 Menschen in Haft. Die Eheleute Harnack wurden Anfang September in ihrem Urlaubsort auf der Kurischen Nehrung in Ostpreußen verhaftet und nach Berlin in das Gestapo-Gefängnis in der Prinz-Albrecht-Straße gebracht. Arvid Harnack wurde mit anderen Hauptverdächtigen im Dezember 1942 hingerichtet. Mildred Harnack wurde zunächst zu einer sechsjährigen Zuchthausstrafe verurteilt, die aber auf Anweisung Hitlers in die Todesstrafe umgewandelt wurde. Am 16. Februar 1943 hat man sie im Alter von 40 Jahren in Plötzensee ermordet.

19 Frauen der „Roten Kapelle“ wurden von den Nazis hingerichtet, auch Libertas Schulze-Boysen. Insgesamt wurden 54 Mitglieder der Gruppe zum Tode verurteilt, drei weitere wählten den Freitod. 14 Frauen waren bis Kriegsende inhaftiert, einige von ihnen in Konzentrationslagern. Nur sehr wenige Mitglieder waren der Verhaftung entgangen.

Im Ost-Berliner Bezirk Lichtenberg wurden Straßen nach Mitgliedern der „Roten Kapelle“ benannt: die Harnackstraße, die ausdrücklich Mildred und Arvid Harnack ehrt, und die Schulze-Boysen-Straße. Eine Oberschule dort trägt den Namen Mildred Harnacks. In West-Berlin unterblieb lange Zeit eine Würdigung dieser Organisation des Widerstands: Bis in die sechziger Jahre galten die Funkkontakte der „Roten Kapelle“ als Landesverrat.

15

Helene Lange

Schöneberger Ufer 67

Anzeige aus „Die Frau", 1915

Sie sah aus wie die typische Lehrerin um die Jahrhundertwende: strenger Blick, scharf geschnittener Mund, ein Dutt. Helene Lange war Lehrerin, zudem eine sehr engagierte, die sich Zeit ihres Lebens für mehr Bildungsmöglichkeiten für Mädchen einsetzte.

In der Mitte des 19. Jahrhunderts in Oldenburg geboren, kam sie 1871 in die neue deutsche Hauptstadt, um das Lehrerinnenexamen zu absolvieren. Die 23-jährige fand schnell Kontakt zu anderen Frauen, die sich für die Frauenbildung einsetzten. 1876 begann sie in der Mädchenschule von Lucie Crain das Lehrerinnenseminar aufzubauen und war bald als Lehrerin und Leiterin der Seminarklasse fest angestellt. Bis zur Reform des preußischen Mädchenschulwesens im Jahre 1908 gab es keine Gymnasien für Mädchen. Das Berliner Bürgertum schickte seine Töchter auf private „höhere Töchterschulen", um ihnen eine standesgemäße Bildung zu vermitteln. 1887 verfasste Helene Lange ihre berühmte „Gelbe Broschüre", in der sie die preußische Mädchenbildung scharf kritisierte. Mit einer Strategie der kleinen Schritte hat sie viel erreicht in ihrem lebenslangen Kampf um bessere Bildungschancen für Mädchen und Frauen: 1889 die Einrichtung der Realkurse für Mädchen, vier Jahre später Gymnasialkurse und 1896 konnten an ihrer Schule zum ersten Mal sechs Schülerinnen das Abitur ablegen. Um die Lehrerinnen zu organisieren, hatte sie 1890 den „Allgemeinen Deutschen Lehrerinnenverein" mit begründet, drei Jahre später „Die Frau", eine Monatszeitschrift, die eine der wichtigsten Zeitschriften der bürgerlichen Frauenbewegung wurde.

Helene Lange wohnte um 1892 am Schöneberger Ufer 35 (auf Höhe der heutigen Nummer 67). Im Adressbuch von 1898 findet man sie in der Steglitzer Straße (heute Pohlstraße) 23, 2. Stock, als „Leiterin der Gymnasialkurse für Frauen". Im gleichen Jahr lernte sie Gertrud Bäumer kennen, die gerade zum Studium nach Berlin gekommen war. 1899 zogen beide in die Gillstraße im Grunewald-Villenviertel und aus der Freundschaft entwickelte sich eine lebenslange Lebens- und Arbeitsgemeinschaft zwischen der Aktivistin und ihrer 25 Jahre jüngeren Mitstreiterin. Gertrud Bäumer arbeitete sich immer mehr in die Arbeitsbereiche ihrer Freundin ein, vor allem als diese aufgrund eines Augenleidens auf Hilfe angewiesen war. Gemeinsam gaben sie das fünfbändige „Handbuch der Frauenbewegung" heraus, ein umfassendes Standardwerk.

Helene Lange war aktiv in vielen Frauenvereinen und fast 20 Jahre lang Vorsitzende des „Allgemeinen Deutschen Frauenvereins". Sie gilt als wichtigste Vertreterin der „gemäßigten Richtung" der bürgerlichen Frauenbewegung. Eine Zusammenarbeit mit der proletarischen Frauenbewegung lehnte sie ab und wetterte gegen die radikalen Bürgerlichen um Minna Cauer. Die Forderung der „Radikalen" nach der Vereinbarkeit von Ehe und Beruf überspannte ihrer Ansicht nach den Gleichheitsgedanken ebenso wie die Forderung nach freier Sexualität den Freiheitsgedanken.

Als Gertrud Bäumer 1916 Leiterin der Sozialen Frauenschule in Hamburg wurde, ging Helene Lange mit ihr in die Hansestadt. Vier Jahre später kehrten beide nach Berlin zurück. Helene Lange, inzwischen 72 Jahre, schrieb und veröffentlichte ihre Lebenserinnerungen und Aufsatzsammlungen. Bewusst vermied sie alles Persönliche. Zuletzt lebte sie mit Gertrud Bäumer am Hansaufer an der Spree. Sie starb am 13. Mai 1930 im Alter von 82 Jahren.

16

„Mein liebes Pappritzchen"

Schöneberger Ufer 71

Anna Pappritz, um 1925

Um die Jahrhundertwende stand am Schöneberger Ufer 38, auf dem Grundstück des heutigen Atelierhauses, noch ein Mietshaus, in dem damals im zweiten Stock Anna Pappritz wohnte. Sie gehörte zum radikalen Flügel der bürgerlichen Frauenbewegung und engagierte sich besonders in der sogenannten „Sittlichkeitsbewegung". In Deutschland war die Prostitution durch den Paragraphen 361.6 im Strafgesetzbuch gemaßregelt: „Mit Haft wird bestraft: eine Weibsperson, welche wegen gewerbsmäßiger Unzucht einer polizeilichen Aufsicht unterstellt ist, wenn sie den in dieser Hinsicht zur Sicherung der Gesundheit, der öffentlichen Ordnung und des öffentlichen Anstandes erlassenen polizeilichen Vorschriften zuwiderhandelt, oder welche, ohne solcher Aufsicht unterstellt zu sein, gewerbsmäßig Unzucht treibt."

Die Reglementierung im einzelnen blieb der Polizei überlassen, genauer gesagt der eigens dafür geschaffenen Sittenpolizei. Die Berliner Bestimmungen für eingeschriebene Prostituierte machten diese zu Menschen zweiter Klasse. So war ihnen das Betreten von zahlreichen Straßen,

Plätzen und Anlagen wie dem Tiergarten, dem Zoologischen und Botanischen Garten ebenso verboten wie der Besuch der Theater. Zudem konnte jede Frau aufgrund einer Denunziation in die schmachvolle Mühle der sittenpolizeilichen Überprüfung geraten. In diesem Falle untersuchte ein Amtsarzt sie nach Geschlechtskrankheiten – die Syphilis grassierte in Berlin – und überprüfte ihre „Unschuld". Wenn sie die nicht mehr besaß, musste sie beweisen, dass sie keine Prostituierte war. Das bürgerliche Recht besagt, dass von der Unschuld einer Verdächtigen auszugehen ist, solange ihr nicht gerichtlich das Gegenteil bewiesen wurde. Für die der Prostitution verdächtigen Frauen galt dieser Grundsatz nicht.

Anna Pappritz hielt Vorträge in Frauenvereinen und Frauenklubs über die Sittlichkeitsbewegung und warb für eine Solidarisierung mit den Prostituierten. In einem Brief vom 24. Februar 1900 bedankte Minna Cauer sich bei ihr für „... alles, was Sie in so edler und großherziger Weise für die Sache thun ... Sie, mein liebes Pappritzchen, haben das schwerste Teil erwählt – Sittlichkeitsfrage. Sie haben aber ein Talent durch Ihre Vorträge die Menschen zu erwärmen und zu gewinnen."

Für Anna Pappritz gab es mehrere Ursachen dafür, dass Frauen ihren Körper verkaufen mussten und gesellschaftlich geächtet wurden: „... die Geringschätzung des Weibes überhaupt, die schlechte, wirtschaftliche Stellung der Frau, die starke Nachfrage von seiten des Mannes. Es sind mangelhaft erzogene, ungenügend genährte, ausgebeutete, unbeschützte und verführte Mädchen, die jährlich zu Tausenden auf die Bahn des Lasters getrieben werden. Der Mann aber hat von jeher der schwächeren Frau die Konsequenzen seiner oder der gemeinsam begangenen Handlung aufgebürdet. Diese männlich einseitige Auffassung, die Frau allein für die Unsittlichkeit verantwortlich zu machen, hat durch das Jahrtausende währende Übergewicht des männlichen Geistes eine solche suggestive Wirksamkeit ausgeübt, dass auch edle Frauen vollständig in diesem Vorurteil befangen waren."

Viele bürgerliche Frauen forderten damals eine Bestrafung der gewerblichen Unzucht und die ärztliche Anzeigepflicht bei Geschlechtskrankheiten. Anna Pappritz wandte sich heftig gegen derartige Vorstellungen. Sie konnte erreichen, dass im September 1900 erstmalig eine Ärztin, Frl. Dr. med. Hacker, bei der Berliner Sittenpolizei zur Untersuchung der erstmals Inhaftierten angestellt wurde. Erst im Jahre 1927 wurde durch das „Gesetz zur Bekämpfung der Geschlechtskrankheiten" die Sittenpolizei abgeschafft, nun waren das Gesundheitsamt und die Fürsorge zuständig. Aber Prostituierte kämpfen noch heute gegen reglementierende Zwangskontrollen.

17

Malweiber

Schöneberger Ufer 71

„Sehen Sie, Fräulein, es gibt zwei Arten von Malerinnen,
die einen möchten heiraten und die anderen haben auch kein Talent."
„Malweiber" im „Simplicissimus", 1901

Im Oktober 1911 bezog der „Verein der Künstlerinnen und Kunstfreundinnen zu Berlin" (VKKB) sein neues Haus am Schöneberger Ufer 38 (heute 71). Die Räumlichkeiten waren ganz nach den Ansprüchen des Vereins konzipiert. Im Erdgeschoss befanden sich Büroräume, im dahinter liegenden Bereich ein großer Empfangssaal. Ein Anbau diente als Ausstellungsraum. In der ersten Etage wohnte die Direktorin, weitere Zimmer standen vorübergehend Vereinsmitgliedern zu Verfügung. In den darüber liegenden Stockwerken wurden geräumige Ateliers eingerichtet, heute noch gut erkennbar an den großen Fenstern, in denen der Zeichen- und Malunterricht stattfand.

Gegründet wurde der VKKB 1867 auf Initiative der Künstlerinnen Rosa Petzel, Clara Heinke, Klara Oenicken und Marie Remy. Der Verein war die erste Berufsgruppenvertretung von Frauen überhaupt, die sich für die Unterstützung, Förderung und Ausbildung bildender Künstlerinnen einsetzte. Seinen höchsten Mitgliedstand erreichte der Verein 1899 mit 790 Mitgliedern. Über die Aufnahme von Künstlerinnen entschied eine Jury, „Kunstfreundin“ konnte jede Frau durch eine einmalige Beitrittsumme werden. Ehrenmitgliedschaften standen auch Männern offen. Persönlichkeiten wie Wilhelm Adolph Lette oder Werner von Siemens setzten sich als Ehrenmitglieder für den Verein ein, dem überdies das Protektorat der kaiserlichen Familie hohes gesellschaftliches Ansehen verlieh. Staatliche Gelder, Mitgliedsbeiträge und Spenden finanzierten den Verein der Künstlerinnen, regelmäßige Ausstellungen und (seit 1891) Damenkostümbälle, die zu einem gesellschaftlichen Ereignis wurden und bis zu 3.000 Teilnehmerinnen anzogen, sorgten für Bekanntheit.

Der VKKB verstand sich als Selbsthilfeorganisation für Künstlerinnen, denen trotz ihrer anwachsenden Zahl immer noch der Zugang zu Kunstakademien verwehrt blieb. Begründet wurde dieser Ausschluss von Frauen mit ihrer angeblichen Unfähigkeit, Kunst zu schaffen; schöpferische Genialität wurde als unabdingbare Voraussetzung und eine ausschließlich männliche Eigenschaft definiert. Künstlerinnen galten als „Malweiber“ und Dilettantinnen. Frauen, die professionell als Künstlerinnen arbeiten wollten, verstießen nicht nur gegen gesellschaftliche Normen, sondern standen auch vor der Frage, wie sie die nötige Ausbildung erwerben sollten. Zugänglich war ihnen nur der oftmals überteuerte und unzulängliche Unterricht in Privatateliers.

Diesen Missständen trat der VKKB entgegen. Zur Linderung der materiellen Notlage von Künstlerinnen wurde eine Darlehenskasse eingerichtet, später eine Pensions- und Krankenkasse. Ein Stipendienfonds aus Spendengeldern kam einzelnen Künstlerinnen als Beihilfe für Studienzwecke zugute. Die Mitgliedschaft brachte auch finanzielle Vergünstigungen mit sich. Neben Freikarten, ermäßigten Eintrittspreisen für berufsbezogene Veranstaltungen und Jahreskarten für Museen war die Benutzung der vereinseigenen Bibliothek sowie der Muster- und Kostümsammlung kostenfrei.

Schon 1868 konnte nach der ersten erfolgreich verlaufenen Ausstellung eine Zeichen- und Malschule gegründet werden, die für Frauen die erste und wichtigste Adresse für eine künstlerische Grundausbildung in Deutschland darstellte. Zwei der bedeutendsten deutschen Künstlerinnen waren Schülerinnen des Vereins: Paula Modersohn-Becker von 1896 bis 1898 und Käthe Kollwitz, die ihren ersten Unterricht 1885 erhielt und von 1897 bis 1903 selbst in Graphik und Zeichnen unterrichtete. Kontinuierliche Arbeit, wachsender gesellschaftlicher Einfluss und materieller Wohlstand ermöglichten dem VKKB den Bau des Hauses am

Schöneberger Ufer. Die Lage in einer Umgebung, die um 1911 die Galeriemeile Berlins war, spiegelt seine Etablierung wider, die Jahre bis 1919 waren seine Blütezeit.

Mit der Öffnung der Akademien für Frauen zu Beginn der Weimarer Republik ging die einstige Bedeutung des Vereins verloren. Erst gegen Ende der zwanziger Jahre konnten die Vereinsaktivitäten wiederbelebt werden. Die Mal- und Zeichenschule wurde 1927 neu eröffnet. Durch die Teilnahme an großen Ausstellungen gelang es, im Kulturleben wieder Fuß zu fassen. Künstlerinnen wie Hannah Höch, Jeanne Mammen, Charlotte Berend-Corinth oder die Bildhauerinnen Renée Sintenis und Emy Roeder standen mit dem Verein in Kontakt.

Nach der Machtübernahme der Nationalsozialisten wurde der VKKB gleichgeschaltet und der staatlichen Kontrolle unterworfen. Jüdinnen wurden ausgeschlossen, einige Mitglieder emigrierten. Mit der Eingliederung in die Reichskulturkammer verlor der Verein an Profil. Materielle Not prägte die folgenden Jahre, das Atelierhaus musste 1935 zwangsversteigert werden. Ideologische Anpassung nach außen und eine zunehmende Vereinnahmung durch die nationalsozialistische Kulturpolitik bestimmten die Aktivitäten. Im Juni 1942 feierte der Verein mit Unterstützung des Reichspropagandaministeriums und der Stadt Berlin sein 75-jähriges Bestehen im Schloss Niederschönhausen. Die politische Haltung der Künstlerinnen des Vereins konnte jedoch nicht gleichgeschaltet werden. Die Bildhauerin und Tänzerin Oda Schottmüller schloss sich der antifaschistischen Widerstandsgruppe „Rote Kapelle“ an und wurde 1943 in Berlin-Plötzensee von den Nazis hingerichtet.

Nach dem Zweiten Weltkrieg konnte der VKKB nur mit Mühe fortbestehen. Bis in die sechziger Jahre kämpften die Mitglieder um staatliche Unterstützung und Anerkennung. Das erwünschte Ziel, die Wiedereinrichtung eines einflussreichen Berufsverbandes, misslang, die Unterstützung von Künstlerinnen beschränkte sich auf Jahresausstellungen im Rathaus Schöneberg.

Erst die Anerkennung als gemeinnütziger Verein 1989 verbesserte die rechtliche und finanzielle Situation. Seit 1990 wird der „Marianne-Werefkin-Preis“ vergeben, benannt nach der russischen Malerin und Mitbegründerin des „Blauen Reiters“. Dieser mit 10.000 DM dotierte Preis dient der Nachwuchsförderung. Einen weiteren Aufschwung brachte das Forschungs- und Ausstellungsprojekt „Verein der Berliner Künstlerinnen 1867-1992“. Anlässlich des 125-jährigen Jubiläums wurde dieses senatsgeförderte Projekt in Zusammenarbeit mit der Berlinischen Galerie ins Leben gerufen. Erstellt wurde ein umfangreiches

Archiv zur Geschichte des Vereins und zu Frauen in der bildenden Kunst seit dem ausgehenden 19. Jahrhundert. Dokumente und Fotosammlungen über 1.200 Künstlerinnen, die in Verbindung mit dem Verein standen, liegen vor.

Das Archiv befindet sich in der Berlinischen Galerie und ist auf Anfrage zugänglich.

18

Die Neue Nationalgalerie

Potsdamer Straße 50

Das Gebäude der Neuen Nationalgalerie an der Potsdamer Straße 50 wurde nach den Plänen Mies van der Rohes errichtet und im September 1968 eröffnet. Mit der Gemäldegalerie, dem Kupferstichkabinett, der Kunstbibliothek, dem Kunstgewerbemuseum, der Staatsbibliothek, dem Musikinstrumentenmuseum, der Philharmonie und dem Kammermusiksaal bildet sie das Berliner Kulturforum.

Die Nationalgalerie, 1876 auf der Museumsinsel gegründet, hatte die Aufgabe, ein Museum zeitgenössischer Kunst aufzubauen. In dieser Tradition sammelt und präsentiert die Nationalgalerie bis heute Gemälde, Skulpturen und Objekte internationaler Künstlerinnen und Künstler des 19. und 20. Jahrhunderts.

Politische Ereignisse haben die Sammlungs- und Ausstellungsaktivitäten stark beeinflusst. 1937 ließen die Nationalsozialisten Kunstwerke beschlagnahmen, die sie als „entartet" bezeichneten. Im Zweiten Weltkrieg lagerten die Museen Gemälde und Skulpturen aus; einige Werke wurden bei Bombenangriffen vernichtet, andere von den Alliierten sichergestellt. Nach dem Beginn des Kalten Krieges benötigte West-Berlin eine eigene Nationalgalerie – das Pendant zur Museumsinsel. Mauerfall und Wiedervereinigung führten in den neunziger Jahren zum Zusammenschluss der Nationalgalerien in Ost und West und es entstand ein neues Konzept für ihre nunmehr drei Häuser: Die Alte Nationalgalerie der Museumsinsel beherbergt die Kunst des 19. Jahrhunderts, die Neue Nationalgalerie präsentiert das 20. Jahrhundert bis in die sechziger und siebziger Jahre, der Hamburger Bahnhof ist reserviert für die neueste Kunst.

1987 erschien eine Dokumentation zur marginalen An- bzw. allgemeinen Abwesenheit von Künstlerinnen in den West-Berliner Museen, deren Ergebnisse noch heute Gültigkeit haben. Danach umfasste ihr Anteil an Werken des 19. Jahrhunderts in der Nationalgalerie zwei Prozent; vertreten waren Gemälde von Elisabeth Jerichau-Baumann, Caroline Bardua und Dorothea Stock. Für das 20. Jahrhundert sind in etwa 30

Gemälde und 75 Skulpturen und Objekte angegeben, eine Prozentzahl zu nennen war nicht möglich, da der Gesamtbestand nicht bekannt war. Die prominenteste Künstlerin dürfte Paula Modersohn-Becker sein. Des Weiteren werden genannt: die Malerinnen Natalia Gontscharowa, Gabriele Münter, Marianne Werefkin, Käthe Kollwitz, Hannah Höch, Jacoba van Heemskerck und die Bildhauerinnen Renée Sintenis, Emy Roeder, Milly Steger, Louise Nevelson, Isa Genzken, Hede Bühl, Ursula Sax und Magdalene Abakanowicz.

Der Dokumentation zufolge erfahren Frauen auch heute noch weder als Künstlerinnen noch als Dargestellte eine angemessene Berücksichtigung. Ihre Werke werden seltener angekauft und verbleiben eher im Depot. Werden sie doch ausgestellt, dann oft schlecht platziert. Sie werden seltener als Postkarte gedruckt oder als Abbildung in Kataloge aufgenommen.

Seit 1990 sind die Nationalgalerien in Ost und West wieder vereint. Eine neue Chance? 1994 setzte sich die Neue Nationalgalerie in einer großen Ausstellung mit nur einer Künstlerin auseinander: Rebecca Horn. Sie ist Bildhauerin, Performance-Künstlerin, Filmemacherin und lehrt an der Hochschule der Künste in Berlin.

19

Fanny Lewald

Matthäikirchstraße 21

Die Schriftstellerin Fanny Lewald lebte seit 1860 in der Matthäikirchstraße. In dieser Zeit entstand hier gerade das Tiergartenviertel: Wer es sich leisten konnte, ließ sich eine Villa vor den Toren der Stadt bauen. Von der alten Bebauung der Matthäikirchstraße ist heute nichts mehr zu sehen, einzig die Parey-Villa am Rande des Matthäikirchplatzes gibt noch einen Eindruck vom damaligen Charakter des Viertels. Gegen Ende des Jahrhunderts waren viele der Reichen schon zum Grunewald gezogen, in Tiergarten ließen sich ausländische Vertretungen nieder und es entstand das Botschaftsviertel.

Fanny Lewald wohnte im Gartenhaus der Matthäikirchstraße 21. Sie war eine der ersten deutschen Schriftstellerinnen, die ausschließlich – und gut – vom Schreiben leben konnten. Mit ihren frühen Romanen setzte sie sich für die demokratischen Ideale der Vormärzzeit, besonders für Frauen- und Judenemanzipation ein. Als 1848 die Revolution in Paris, dann in Berlin begann, schrieb sie begeisterte Zeitungsberichte über die Ereignisse. Nach dem Scheitern des Aufstands wurde sie, wie viele ihrer Schriftstellerkolleginnen, konservativer. Sie wollte nun „Kunstwerke“ schaffen, keine „Tendenzschriften“, und wurde Anhängerin Bismarcks. In einem Punkt allerdings blieb sie ihren Anschauungen treu: in der Frage der Frauenemanzipation. Noch im hohen Alter setzte sie sich für die Rechte der Frauen auf Arbeit, Bildung und eigenes Einkommen ein.

Als Fanny Lewald 1811 in Königsberg zur Welt kam, gab es in Deutschland nicht allzu viele unabhängige Geister, die sich vorstellen konnten, dass sowohl Frauen als auch Juden gleichberechtigte Bürger eines Staates sein könnten. Die Juden wurden 1812 in Preußen rechtlich „emancipiert“. Frauen hingegen, so die allgemeine Ansicht, seien kraft ihrer weiblichen „Natur“ nicht in der Lage, einen eigenständigen Gedanken zu fassen, ein Staatsamt oder auch nur einen Brotberuf wahrzunehmen oder ihr Vermögen selbst zu verwalten. Schlechte Voraussetzungen also für eine jüdische Frau wie Fanny Lewald, die selbständig, neugierig, wissensdurstig und ehrgeizig war. In ihrer Autobiografie schildert Fanny Lewald das öde Leben, zu dem ein bürgerliches Mädchen damals verdammt war: Bis zum 13. Lebensjahr ging sie mit großer Begeisterung zur Schule – dann blieb nur noch das Warten auf einen Ehemann. Da sie es ablehnte, eine Ehe ohne Liebe einzugehen, nur um versorgt zu sein, war sie zu einem nutz- und perspektivlosen Leben im Hause ihres Vaters verdammt. Noch keine 30 Jahre alt, begann sie zu kränkeln und sich als „alte Jungfer“ zu empfinden.

In dieser Zeit fing sie an zu schreiben – und wurde innerhalb weniger Jahre zur gefragten Autorin. Mit ihren ersten Romanen „Clementine“, „Jenny“, „Der dritte Stand“ und „Eine Lebensfrage“ bezog Fanny Lewald Stellung für Frauen- und Judenemanzipation, für die Überwindung von Standesunterschieden und die Demokratisierung des öffentlichen Lebens.

Mit 33 Jahren gelang es ihr endlich, sich aus der liebevollen, aber autoritären Bevormundung durch ihren Vater zu lösen. Sie zog nach Berlin und gründete dort einen eigenen Hausstand, machte sich von ihrem Vater finanziell unabhängig und blühte förmlich auf: „Jahrelang hatte ich mich in die Vorstellung eingelebt, daß ich ein altes Mädchen und als solches ohne Hoffnung auf Freude und Glück sei. Jetzt fing ich an, mir zu sagen, daß ich eine junge Schriftstellerin sei.“

1845 unternahm sie eine Italienreise, damals unabdinglich für jeden Künstler. Dort lernte sie ihren späteren Ehemann Adolf Stahr kennen. Stahr war Gymnasialprofessor, beinahe 15 Jahre älter als Fanny Lewald und zu diesem Zeitpunkt noch verheiratet. Nach zehnjährigen vergeblichen Versuchen der beiden, sich zu trennen und zu „entsagen“, betrieb Stahr schließlich die Scheidung. Fanny Lewald und Stahr heirateten, wobei sie sich die Verwaltung ihres Vermögens selbst vorbehielt und nicht den Namen ihres Ehemannes annahm, sondern den Doppelnamen Lewald-Stahr – beides damals sehr ungewöhnliche Schritte.

Fanny Lewald, auch als Reiseschriftstellerin bekannt, reiste bis in ihr hohes Alter gern und viel. Am 5. August 1889 starb sie während einer dieser Reisen in einem Hotelzimmer in Dresden.

20

Heibaudi

Potsdamer Straße/ Schöneberger Ufer

Nach Warentests vergeben:
das Sonnenzeichen des Hausfrauenbundes

Von der Frauenbewegung hat mittlerweile wohl jede und jeder gehört, wer aber kennt die Hausfrauenbewegung? Was tut eine Hausfrau schon den ganzen Tag? Ein bisschen kochen, waschen, putzen und die Kinder erziehen, „selbstverständliche“ Arbeit im Dienst der Familie, damals wie heute.

Ende des 19. Jahrhunderts begannen sich die Hausfrauen zu organisieren. Dienstmädchen- und Frauenbewegung kämpften für die Anerkennung der Frauenarbeit als bezahlte Berufsarbeit. Für die Mehrheit der Hausfrauen aus den bürgerlichen Kreisen dagegen blieb die eigentliche weibliche Arbeit die der Ehefrau und Mutter. Im Herbst 1873 gründete Lina Morgenstern den „Berliner Hausfrauen-Verein“. Sie wollte vermitteln zwischen Frauen- und Hausfrauenbewegung.

Aber erst die Auswirkungen des Ersten Weltkrieges, die schlechte Versorgungslage mit rationierten Lebensmitteln, verliehen der Hausfrauenarbeit Gewicht und der Hausfrau neues Selbstbewusstsein. Im Mai 1915 schlossen sich Berliner Vereine zum „Deutschen Verband der Hausfrauen" zusammen, Verbandsorgan wurde die Zeitschrift „Deutsche Hausfrau". Dass die „beste Hausfrau Berlins", Hedwig Heyl, Mitbegründerin und Ehrenvorsitzende war, zeigt, dass sich die konservativen, national gesinnten Hausfrauen in diesem Verband durchgesetzt hatten. 1924 erfolgte eine Umbenennung in „Reichsverband Deutscher Hausfrauen-Vereine" und unter diesem Namen existierte er bis zu seiner Auflösung im Jahre 1935.

Stand in der Kriegszeit noch die „Bekämpfung der Not" im Vordergrund der Arbeit, konnte nach 1918 daran gegangen werden, die Ausbildung der Hausfrau anzustreben. Neben grundlegenden Kursen hatten Frauen auch die Möglichkeit, sich in einem viermonatigen Kursus für gehobene hauswirtschaftliche Stellen in Privathäusern oder Großbetrieben schulen zu lassen. Der bestmögliche Abschluss war ein Examen als „Meisterin der Hauswirtschaft". Die Zentrale der Hausfrauen-Vereine in Groß-Berlin errichtete zu diesem Zweck in ihrer Geschäftsstelle Am Karlsbad 12/13 die „Schule der Hausfrauen", in der diese Ausbildungen absolviert werden konnten.

Immer stärker wurde die Hausfrau von Handel und Industrie als Verbraucherin entdeckt. Durch ihre Mitarbeit in Ausschüssen waren die Hausfrauenvertreterinnen an der Normierung für Haushaltsgegenstände ebenso beteiligt wie an der Festlegung für eindeutige Warenbezeichnung. 1927 dann wurde „Heibaudi" gegründet, der „Hauswirtschaftliche Einkaufs-, Beratungs- und Auskunftsdienst". Seit 1929 war Heibaudi ein eingetragener Verein mit dem Ziel, „von Frauen – zu Frauen ... in allen Fragen neuzeitlicher Wirtschaftsführung, in der Verwendung hauswirtschaftlicher Apparate, insbesondere auf dem Gebiete von Gas und Elektrizität, der Ernährungswirtschaft, Warenkunde, Wohnungseinrichtung und des Bezugsquellennachweises, der Einkaufsberatung im Interesse der Förderung der Wirtschaftlichkeit im Haushalt unentgeltlich an jederman sachgemäßen Rat und vertrauenswürdige Auskunft zu erteilen". Seinen Sitz hatte der Verein Am Karlsbad, ab 1929 direkt an der Potsdamer Brücke im Eckhaus Potsdamer Str. 123b/Schöneberger Ufer.

Eine Dauerausstellung in den Vereinsräumen präsentierte Gegenstände des täglichen Bedarfes und patente Einrichtungen von Wohn- und Wirtschaftsräumen, besonders der Küche. Diverse Beratungsangebote zu Fragen der Hauswirtschaft, Ernährung, Körperpflege und Mode konnten von den Berliner Hausfrauen genutzt werden. Wöchentlich gab es praktische Vorführungen der neuesten hauswirtschaftlichen Geräte. Heibaudi wurde bekannt und erfolgreich, im Jahre 1932 verzeichnete die Ausstellung 36.000 Besucherinnen.

Dieses Interesse weckte auch die Aufmerksamkeit der Industrie und eine rege Zusammenarbeit begann. Vertreter wichtiger Industriezweige wurden Mitglieder des Vereins. Die Berliner Städtischen Gaswerke, die Elektrizitätswerke und das Ostelbische Braunkohlensyndikat nutzten die Heibaudi als kostenlose Produktwerbung.

1934 übernahm das Reichswirtschaftsministerium die Leitung des Vereins. Die Frauen im Vorstand fühlten sich zunehmend bevormundet. Im Februar 1937 fand eine Unterredung zwischen den Vorstandsmitgliedern und dem Reichskuratorium für Wirtschaftlichkeit über geplante Umorganisationsmaßnahmen statt. Hildegard Margis kündigte im Anschluss daran ihren Vorstandssitz mit den Worten, dass „die Idee der Heibaudi, ihre Gründung und Durchführung meiner Initiative zuzuschreiben" sei. Nun wolle sie „entweder in voller Verantwortung" mit der Heibaudi verbunden sein oder ganz ausscheiden. Die anderen Damen des Vorstandes folgten ihrem Beispiel.

Im November 1940 wurde die Heibaudi in das Deutsche Frauenwerk überführt, der Verein selbst 1942 aus dem Vereinsregister gelöscht. Eine Neugründung im Jahre 1950 schlug fehl. In den Vereinsunterlagen findet sich ein Gründungsprotokoll vom 16. Juni 1950, im Vereinsregister ist die Heibaudi heute jedoch nicht verzeichnet.

Die Hausfrauenbewegung hingegen gibt es immer noch. 1949 wurde der Reichsverband in Eutin als „Deutscher Hausfrauen-Bund e.V." (DHB) neu gegründet und beging 1990 sein 75-jähriges Jubiläum. Der DHB präsentiert sich heute als moderner Berufsverband. Er kämpft für die öffentliche Anerkennung der Hausarbeit als Beruf und vertritt als Arbeitgeberverband die Belange der hauswirtschaftlichen Berufsausbildung in Aus-, Fort- und Weiterbildung. Seit 1985 kann sich die Hauswirtschafterin zur „Fachkraft für den Seniorenhaushalt" weiterbilden; ein Modellprojekt, durch das Bundesministerium gefördert, bietet Frauen als Wiedereinstieg ins Berufsleben eine Ausbildung zur Umweltberaterin.

21

Frauenbund der Deutschen Kolonialgesellschaft

Am Karlsbad 10

Das „Afrika-Haus“, 1913

Was hatten Berliner Frauen mit der deutschen Kolonie Südwestafrika zu tun? Kolonialpolitik war Männerpolitik. Dennoch gab es Berlinerinnen, die aktive „Kolonialpolitik“ betrieben haben. Als Mitglieder des „Frauenbundes der Deutschen Kolonialgesellschaft“ wählten sie junge Frauen zur Verschickung nach „Südwest“ aus, denn: „Die Männerwelt begann zu verrohen, der Alkoholgenuß nahm Überhand, die deutsche Sprache wurde mit Brocken aus der Eingeborenen- und Burenrede durchsetzt. Da auf eine weiße Frau sechs Männer kamen, gab es kein Mittel, um das Anwachsen der Mischlingsbevölkerung zu verhindern. Es wuchs ein Bastardgeschlecht heran, das im Jahre 1909 schon 4.282 Köpfe zählte und die Eigenschaften beider Rassen in ungünstiger Mischung vereinte“ (Gertrud Freifrau von Richthofen-Darmsdorf).

Das Haus am Karlsbad 10, vor dem Ersten Weltkrieg „Afrika-Haus“ genannt, war Domizil der Deutschen Kolonialgesellschaft. Das deutsche

Kaiserreich war im ausgehenden 19. Jahrhundert zu einer Kolonialmacht insbesondere in Afrika geworden und regierte in Togo, Kamerun, Deutsch-Südwestafrika (heute Namibia), Deutsch-Ostafrika (heute Tansania). Nach zwei Jahrzehnten Kolonialisierung hatten sich bereits viele Deutsche in Afrika angesiedelt, allerdings hauptsächlich Männer.

In der fernen Heimat machten sich derweil Frauen Sorgen um die Erhaltung des „Deutschtums". Freifrau Adda von Liliencron gründete 1907 den „Deutsch-Kolonialen Frauenbund", der ein Jahr später in „Frauenbund der Deutschen Kolonialgesellschaft" umbenannt wurde, um so die enge Zusammenarbeit mit der Deutschen Kolonialgesellschaft zu unterstreichen. Im deutschen Reich waren 1913 mehr als 15.000 Frauen dem Frauenbund beigetreten; in vielen Städten gab es Abteilungen, meist von Fabrikanten- oder Offiziersgattinnen geleitet. Der Frauenbund wollte Frauen aller Stände für die „koloniale Frage" interessieren; in erster Linie ging es aber darum, deutsche Mädchen und junge Frauen bei der Einwanderung in die Kolonien zu unterstützen. Im Klartext: Deutsche Frauen sollten verhindern, dass deutsche Männer Beziehungen mit Afrikanerinnen eingingen.

Stolz vermeldete der Frauenbund im Jahre 1913, seit seinem Bestehen insgesamt 413 junge Frauen in die Kolonien entsandt zu haben. Die Mehrzahl der Frauen, die nach Afrika gingen, stammte aus einfachen Verhältnissen und kam vom Lande, was als eine gute Voraussetzung galt, sollten sie doch den Pflanzern und Farmern zur Hand gehen, so dass es nur von Vorteil war, wenn sie sich mit Hühnerzucht, Milchwirtschaft und Gartenarbeit auskannten. Eine Kommission des Frauenbundes in Berlin entschied darüber, wer in die Kolonie reisen durfte und wer nicht. Zuvor wurden vertrauliche Auskünfte über jede Bewerberin eingeholt, „sittlich einwandfrei" und „wirtschaftlich tüchtig" mussten sie sein und im heiratsfähigen Alter zwischen 20 und 38 Jahren.

Der Frauenbund arbeitete eng zusammen mit der Kolonial-Frauenschule in Bad Weilbach im Regierungsbezirk Wiesbaden. Dort wurden gebildete junge Frauen in allen Zweigen des Haushalts, in den für die Kolonie notwendigen Handfertigkeiten, in der Krankenpflege sowie in praktischer Buchführung unterwiesen. Dem Frauenbund lag daran, dass zunehmend auch gebildete Frauen nach Übersee gingen – sie fürchteten einen „Kulturverlust" angesichts der vielen einfachen Leute, die dort lebten. Aber gerade in Deutsch-Südwestafrika, wohin die meisten Frauen aufgrund des günstigen subtropischen Klimas gebracht wurden, fehlte es an Dienstmädchen, Köchinnen und Wirtschafterinnen.

Die Schiffsreise nach Deutsch-Südwestafrika dauerte damals 24 Tage und kostete in der dritten Klasse 250 Mark. Die Fahrtkosten wurden von der Deutschen Kolonialgesellschaft bezahlt. In Hamburg sorgte der Frauenbund dafür, dass die reisenden Frauen sicher an Bord kamen und sich dort eine Vertrauensperson um sie kümmerte. In der Kolonie angekommen, wurden sie entweder von deutschen Frauen oder von Gewährsleuten des Frauenbundes in Empfang genommen. Erstaunlicherweise hatte der Frauenbund 1910 ein sogenanntes Heimathaus nicht in einer Hafenstadt, sondern im Landesinneren, in Keetmannshoop eröffnet, in dem die neu Angekommenen zunächst an das „afrikanische Haushalten" gewöhnt wurden. Von dort wurden sie nach einigen Monaten in die Haushalte weiter vermittelt. Die Rechnung des Frauenbundes ging jedoch nur zum Teil auf; weniger als die Hälfte der Frauen verheiratete sich in der Kolonie.

Ein großes Vorhaben des Frauenbundes wurde 1914 durch den Ersten Weltkrieg zunichte gemacht: 1914 sollten junge Frauen auch nach Deutsch-Ostafrika geschickt werden; ein Fonds mit 23.000 Mark war bereits eingerichtet. Der Krieg schnitt den Kontakt zu den Kolonien ab, konnte jedoch den Tatendrang der Frauenbund-Aktivistinnen nicht schmälern. Im Gegenteil, sie wollten ihre Kräfte sofort dem Vaterland zur Verfügung stellen. Die damalige Vorsitzende Hedwig Heyl schlug vor, einen Mittagstisch für Notleidende der gebildeten Stände und Kolonialdeutschen zu eröffnen. So entstand die erste Mittelstandsküche in Berlin, die Frau Heyl im Gebäude des „Lyceum-Clubs" am Lützowplatz unterbrachte. Ein Jahr später wurden mit der „Frauenbundspende" Geld und Wäsche für Südwest gesammelt, deren Erlös jedoch wegen einer Postsperre nur zum Teil abgeschickt werden konnte. Die Restsumme wurde später an die aus den Kolonien zurückkehrenden Frauen und Kinder verteilt. Diesen entgegen zu reisen, sie am Bahnhof zu empfangen, ihnen Unterkunft, Nahrung und Kleidung zu besorgen, waren nun die Aufgaben des Frauenbundes.

Mit dem Ende des Ersten Weltkrieges und endgültig mit der Unterzeichnung des Versailler Vertrages im Jahre 1920 verlor Deutschland alle Kolonien. Trotzdem existierte der Frauenbund der Deutschen Kolonialgesellschaft noch einige Jahre weiter, um den „kolonialen Gedanken" lebendig zu erhalten.

22

Berliner Frauenclub von 1900 e.V.

Schellingstraße

Gruß aus dem Klub in der Schellingstraße

Die Frauenklubs, die um 1900 in Berlin entstanden, wurden als Vereine geführt, eintrittsberechtigt waren im allgemeinen nur Mitglieder. Die ersten Klubräume des „Berliner Frauenclubs von 1900“ lagen in der Schellingstraße 5, nahe dem Potsdamer Platz. Der „Frauenführer“ von 1905 weist die nahe gelegene Potsdamer Straße 125 als Adresse aus, im Frauenstadtbuch von 1913 ist die Genthiner Straße 13, 1. Stock angegeben.

Der „Frauenclub von 1900“ war als Treffpunkt für erwerbstätige und sozial arbeitende Frauen gedacht, ein einfacher Klub, keiner für die „oberen Zehntausend“. Mitinitiatorin war die erste Berliner Ärztin Franziska Tiburtius, die ebenso ihr Engagement und ihre Ideen einbrachte wie Anna Pappritz, Alice Salomon oder die späteren Vorsitzenden Josephine Levy-Rathenau und Luise Marelle. Mit einem solchen Klub sollte nicht nach außen gewirkt werden, die Frauen wollten sich und anderen einen Treffpunkt schaffen, an dem sie ungestört Gedanken austauschen, Gespräche unter Freundinnen führen und vielleicht auch politische Aktionen planen konnten. Im Frauenklub trafen sich eine Sängerinnenvereinigung ebenso wie die Bibliothekarinnen.

Bibliothekarin begann seit der Jahrhundertwende ein neuer Frauenberuf zu werden und seit 1905 trafen sich engagierte Bibliothekarinnen im Klub. Mit dabei waren Anna Harnack, Bona Peiser und Anna Reicke aus Charlottenburg. Immer mehr Frauen kamen hinzu und 1907 wurde die „Vereinigung bibliothekarisch arbeitender Frauen" gegründet. Anna Harnack: „Wir wollen: 1. Die Standesinteressen der bibliothekarisch arbeitenden Frauen vertreten. 2. Im bibliothekarischen Beruf für Frauen eine geregelte Vermittlung zwischen Angebot und Nachfrage anbahnen." Die Bibliothekarinnen bekamen einen eigenen Raum im „Frauenclub von 1900" und hielten hier Beratungen und Treffen ab. 1911 traten sie dem „Bund Deutscher Frauenvereine" bei. Ein Jahr später präsentierte die große Ausstellung „Die Frau in Haus und Beruf" eine eigene Abteilung „Die Frau als Bibliothekarin".

Die meisten Klubmitglieder standen der Frauenbewegung zumindest nahe, wenn sie nicht gar zu den führenden Köpfen gehörten. Der Klubbeitrag war gering, die Mitgliedszahl hoch (etwa 1.000 im Jahr 1913). Der „Berliner Frauenclub von 1900" existierte bis 1930. Die Mitgliedschaft im zwei Jahre zuvor gegründeten „Deutschen Frauenclub" war dagegen recht kostspielig, die Mitgliederzahl entsprechend gering. Die Klubräume in der Kurfürstenstraße 124 (heute: An der Urania) wurden von Frauen besucht, denen ihr gesellschaftlicher Stand eine Berufstätigkeit verbot, die aber eine gesellige und gebildete Klubatmosphäre gerade deshalb brauchten, weil sie häufig alleinstehend waren. Ihnen diente der Besuch hier eher als Zeitvertreib und so endete der Verein denn auch als Bridgeklub.

Diese ersten beiden Berliner Frauenklubs gehörten zum „Kartell der deutschen Frauenklubs", in dem seit der Jahrhundertwende Klubs in vielen Städten zusammengeschlossen waren. Ging eine Berlinerin beispielsweise im Jahr 1913 auf Reisen, konnte sie unter anderem die Klubs in Aachen, Bremen, Elberfeld, Essen, Frankfurt am Main, Freiburg, Hamburg, Königsberg, Leipzig, Stuttgart oder Wien genauso besuchen und nutzen wie den zu Haus.

23

Claire Waldoff im „Roland von Berlin"

Marlene-Dietrich-Platz

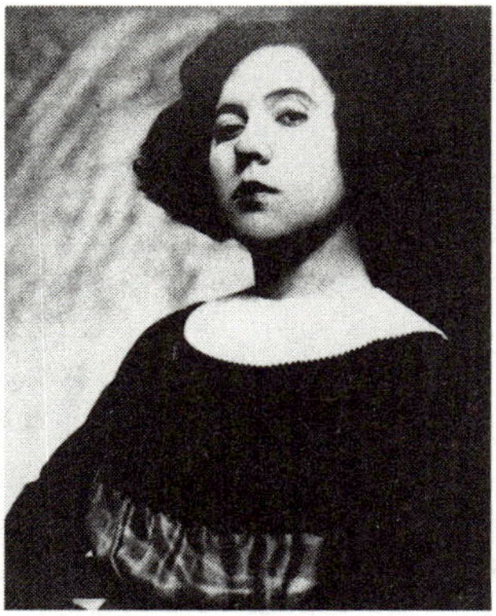

Claire Waldoff, um 1908

Wo sich heute die neue Daimler-City am Potsdamer Platz erstreckt, pulsierte vor 100 Jahren das Leben der Stadt. Anfang des 20. Jahrhunderts befand sich in der alten Potsdamer Straße 37, etwa in Höhe des heutigen Marlene-Dietrich-Platzes, das stadtbekannte Kabarett „Roland von Berlin". Hier hatte 1907 die Kabarettistin und Chansonette Claire Waldoff ihren ersten großen Auftritt.

Claire Waldoff, die eigentlich Clara Wortmann hieß, stammte aus Gelsenkirchen. Sie hatte das Glück gehabt, einen der ersten Mädchengymnasialkurse in Hannover besuchen zu können. Weil ein Medizinstudium nicht zu finanzieren war, wollte sie Schauspielerin werden und tingelte einige Jahre durch die Provinz. In Berlin erhielt sie kleinere Engagements; Freunde und Freundinnen rieten ihr, sich bei Paul Schneider-Duncker im „Roland" zu bewerben. Bereits der Premierenabend wurde ein großartiger Erfolg, nicht zuletzt wegen des eigens für sie geschriebenen Schlagers vom „Schmackeduzchen“. Sie musste es neunmal wiederholen:

„Ein schlankes Schmackeduzchen stand
im See nah an des Ufers Rand
und freute sich des Lebens.
Ein kleiner, süßer Enterich
bat Schmackeduzchen: ‚Liebe mich!‘
Doch flehte er vergebens.
Sie war so unnahbar und stolz,
ihr Herz war hart wie Buchsbaumholz.
Er wurd' vor Liebe krank,
sie lachte, wenn er sang:
Mein geliebtes Schmackeduzchen,
komm zu Deinem Enterich,
laß uns beid' von Liebe plauschen,
innig, sinnig, minniglich.“

Eigentlich hatte sich Claire Waldoff ihr erstes Programm im „Roland“ ganz anders vorgestellt: Sie hatte literarische Monologe rezitieren wollen, die aber von der Zensur als zu kritisch verboten wurden. Auch wurde ihr Auftritt im Hosenanzug nicht erlaubt, da eine derartige Bekleidung für Damen auf der Bühne nach 23 Uhr nicht gestattet war, die Vorstellung aber erst kurz vorher begann.

Claire Waldoff trug nicht nur gerne Hosen, sie trank und rauchte auch „wie ein Mann“. An der Potsdamer Brücke lag das italienische Weinrestaurant „Bertolini“, ein beliebter Treffpunkt in Künstlerkreisen. Die meisten Gäste tranken dort reichlich Chianti, von Claire Waldoff ist überliefert, dass sie lieber einen echten Nordhäuser und eine Zigarre bestellte; hier hat sie sich das Zigarre Rauchen angewöhnt.

Acht Monate lang sang Claire Waldoff ihr Repertoire im „Roland“, dann wechselte sie zum „Chat Noir“ in der Friedrichstraße, wo die bekanntesten und besten Künstler und Künstlerinnen zu sehen und zu hören waren. Vermutlich musste sie auch deshalb wechseln, weil sie den erfolgsgewohnten Schneider-Duncker als Chansonnier in den Schatten zu stellen begann. Doch trat sie nicht nur vor „gehobenem“ Publikum auf, sie sang auch in den Unterhaltungslokalen der kleinen Leute und eroberte die Herzen des Publikums. Im Berlin der zwanziger Jahre feierte sie ihre größten Erfolge, hier fühlte sie sich wohl. In der Metropole Berlin konnte sie als lesbische Frau mit ihrer Freundin, der Baronesse Olga von Roeder, zusammenleben. Typisch „Berliner Pflanze“, hatte sie in Wilmersdorf eine Laube, wo sie ihr Gemüse selbst anbaute.

Ihre Karriere wurde von den Nazis beendet, obwohl Hermann Göring, wie er in einem Brief mitteilte, nichts gegen ihr Lied „Hermann heeßt er“ einzuwenden hatte. Claire Waldoff erhielt kein ausdrückliches Auftrittsverbot, aber nur wenige Kabarett-Direktoren hatten den Mut, sie gelegentlich zu engagieren, und im Rundfunk ist sie nur noch selten zu hören gewesen. 1939 verließ sie Berlin und zog sich mit Olga nach Bayrisch-Gmain zurück. Die gemeinsame Berliner Wohnung wurde bei einem Bombenangriff im November 1943 völlig zerstört. Erst 1950 kam Claire Waldoff für einige Tage wieder nach Berlin, doch endgültig zurückkehren in die vom Krieg so stark zerstörte Stadt wollte sie nicht.

Am 22. Januar 1957 starb Claire Waldoff im Alter von 73 Jahren im Krankenhaus von Bad Reichenhall. Begraben wurde sie neben ihrer Lebensgefährtin auf einem Stuttgarter Friedhof. In Berlin erinnert eine Büste vor dem Friedrichstadtpalast an die große Kabarettistin. Ihr Nachlass befindet sich im Stadtmuseum Berlin.

24

Marlene Dietrich und Tilla Durieux

Marlene-Dietrich-Platz und Tilla-Durieux-Park

Marlene Dietrich, 1945

Tilla Durieux, um 1960

Straßen- und Plätze nach Frauen zu benennen war bis in die neunziger Jahre in Berlin eine Ausnahme. Geschah es dennoch, dann erhielten sie einen Steg oder Weg oder sie wurden unter Vornamen anonymisiert. In dem neu bebauten Stadtviertel am Potsdamer Platz wird nun an einige Künstlerinnen erinnert. Neben der Schriftstellerin Gabriele Tergit werden die Filmschauspielerin und Sängerin Marlene Dietrich mit einem Platz und die Schauspielerin Tilla Durieux mit einem Park geehrt.

Der zentrale Platz des neuen Viertels erhielt im November 1997 den Namen der Filmschauspielerin Marlene Dietrich. Vier Straßen laufen an ihm zusammen, hier konzentriert sich das Vergnügungszentrum mit Musicaltheater, Spielbank, Kino und McDonalds.

Die am 27. Dezember 1901 in Berlin geborene Marlene Dietrich wuchs in Schöneberg auf. Nach Schauspielunterricht am Deutschen Theater spielte sie in Filmen, Revuen und Theaterstücken, bis der Regisseur Josef von Sternberg sie entdeckte und für die Hauptrolle in dem Film „Der blaue Engel“ engagierte. In dieser Verfilmung von Heinrich Manns

Roman „Professor Unrat“ hatte sie als Darstellerin der Lola ihren sensationellen Durchbruch. Die Songs „Ich bin die fesche Lola“ und „Von Kopf bis Fuß auf Liebe eingestellt“, komponiert von Friedrich Hollaender, machten Marlene Dietrich berühmt. Nach diesem Erfolg ging sie mit Josef von Sternberg in die USA, drehte mit ihm sieben weitere Filme und avancierte zum Weltstar. Legenden begannen sich um sie zu ranken, das Starsystem und Josef von Sternberg beförderten die Entstehung ihres Mythos. In Rollen als Sängerin verselbständigte sich ihr erotischer Mythos; kostümiert mit typisch männlicher Kleidung, dem Frack, und Accessoires wie Zigarettenspitze, Zylinder, Krawatte, ironisierte und verwirrte sie die Geschlechtergrenzen. Marlene Dietrich drehte Filme mit bedeutenden Regisseuren wie Ernst Lubitsch, Alfred Hitchcock, Orson Welles und Billy Wilder.

Emigranten wurden in Hollywood-Filmen oft als Nazi-Deutsche besetzt, so auch Marlene Dietrich. In Billy Wilders „A Foreign Affair“ spielt sie die Sängerin Erika von Schluetow, die mit dem NS-Regime sympathisiert. Doch für die Schauspielerin Dietrich, die aus beruflichen Gründen 1930 Deutschland verlassen hatte, war es ein moralisches Anliegen, sich nach 1933 gegen Nazi-Deutschland zu engagieren. 1937 nahm sie die US-amerikanische Staatsbürgerschaft an und trat – in Uniform – bei der Truppenbetreuung US-amerikanischer Soldaten auf, die während des Zweiten Weltkrieges in Europa kämpften. Noch in der Bundesrepublik Deutschland stand sie im Ruf einer „Verräterin“. Das Verhältnis zwischen der Berliner Bevölkerung und Marlene Dietrich war gespannt und blieb es. Als sie auf ihrer Deutschland-Tournee – sie hatte eine zweite Karriere als Sängerin begonnen – 1960 im Titania-Palast auftrat, schlugen ihr nicht nur Jubel und Bewunderung, sondern auch Angriffe und Ablehnung entgegen. Es blieb ihr einziger Auftritt in Berlin.

1973 zog sich Marlene Dietrich von der Öffentlichkeit zurück. Sie lebte bis zu ihrem Tod am 6. Mai 1992 in Paris. Beerdigt werden wollte sie in Berlin. Am 16. Mai fand das Begräbnis statt, eine vom Senat angekündigte Gala zu ihren Ehren wurde wieder abgesagt. Erneut wurden negative Stimmen laut. Doch fünf Jahre nach ihrem Tod hat ein Ort in Berlin ihren Namen erhalten. Im Gespräch ist außerdem, ihr hier ein Denkmal in ihrer Rolle als Lola zu setzen.

Noch ist er nicht angelegt, der Park, der seit November 1998 den Namen Tilla Durieux’ trägt. Im Jahr 2002 soll es ihn wirklich geben. Er wird begrenzt werden vom Landwehrkanal und zieht sich zwischen Gabriele-Tergit-Promenade und Linkstraße bis zum Potsdamer Platz.

Tilla Durieux kam 1903 mit 23 Jahren in die Theaterstadt Berlin und begann bei Max Reinhardt am Deutschen Theater. Ihre erste wichtige Rolle war die Salomé. Bis 1911 gehörte sie zu Reinhardts Ensemble, danach spielte sie an allen wichtigen Bühnen Berlins: dem Königlichen bzw. nach 1918 dem Staatlichen Schauspielhaus, dem Lessing-Theater, dem Hebbel-Theater.

Ab 1910 war Tilla Durieux in zweiter Ehe mit dem Kunsthändler, Kunstmäzen und Verleger Paul Cassirer verheiratet. Das Paar wohnte in der Viktoriastraße. Die Adresse war ein gesellschaftlicher Treffpunkt für zahlreiche Künstler, Literaten und auch Politiker – sie lag ganz in der Nähe des heute nach ihr benannten Parks. 1930 heiratete sie Ludwig Katzenellenbogen, mit dessen Geld sie die Piscatorbühne, das linke politische Theater der Weimarer Republik, unterstützte.

Tilla Durieux und ihr jüdischer Mann verließen Berlin am 1. April 1933, dem Tag des sogenannten Juden-Boykotts. Über die Schweiz flüchtete das Ehepaar nach Jugoslawien und baute dort ein Hotel für Emigranten auf. Als sich 1941 die politische Lage verschärfte, bemühte sich Tilla Durieux um Papiere für die Weiterreise – vergebens. Katzenellenbogen wurde von den Deutschen nach Oranienburg verschleppt und ermordet. Im besetzten Zagreb schloss sich Tilla Durieux der Widerstandsbewegung an. Sie versteckte Dokumente, übermittelte Nachrichten und verwaltete die Kasse der „Roten Hilfe“. Das Ende des Krieges erlebte sie als Befreiung vom Faschismus; sie blieb in Zagreb und arbeitete als Näherin für ein Puppentheater.

Erst 1952 kehrte Tilla Durieux nach Berlin zurück. Mit dem Stück „Die Erstgeborenen“ von Christopher Fry gelang ihr im Alter von 72 Jahren nach 20-jähriger Bühnenpause ein Comeback. Ab 1955 wählte sie Berlin als Wohnsitz, doch an den staatlichen Bühnen in beiden Teilen der Stadt blieb ihr die Aufnahme in ein Ensemble versagt. Bis 1970 gastierte sie an vielen Bühnen Westdeutschlands und spielte an privaten Theatern West-Berlins die nicht gerade zahlreichen Rollen für ältere Frauen.

Für ihre schauspielerischen Leistungen erhielt Tilla Durieux seit 1960 viele bedeutende Auszeichnungen. Sie wurde zum ordentlichen Mitglied der Abteilung Darstellende Kunst der Akademie der Künste (West) ernannt und Professorin und Ehrenmitglied im Ensemble des Deutschen Theaters, wo ihre Karriere in Berlin begonnen hatte. Als Tilla Durieux in Berlin starb, betonte der damalige Regierende Bürgermeister Schütz: „Tilla Durieux hat endgültig ihre Heimat in den Herzen der Berliner gefunden.“ Das war 1971. Bald erinnert ein Park an ihre Verdienste nicht nur um das Theater.

25

Fanny Hensel

Fanny-Hensel-Weg

Am Klavier, 1845

Hinter dem Mendelssohn-Bartholdy-Park verbindet ein kleiner, für den Autoverkehr gesperrter Weg die Dessauer und die Schöneberger Straße. Benannt ist er seit 1991 nach Fanny Hensel, der Schwester Felix Mendelssohn-Bartholdys. Der Weg führt zur Fanny-Hensel-Grundschule in der Schöneberger Straße 23.

Fanny Hensel, 1805 als ältestes Kind von Lea und Abraham Mendelssohn geboren, konnte gemeinsam mit ihrem Bruder Felix eine solide musikalische Erziehung genießen. Den Unterricht übernahm zuerst ihre Mutter, später wurde Carl Zelter engagiert. Die Gleichbehandlung der künstlerischen Ausbildung der Geschwister hatte ein jähes Ende, als Fanny Mendelssohn die Pubertät erreichte. Es begann die geschlechtsspezifische Unterrichtung: Sie sollte eine gute Hausfrau werden; die Musik, das Komponieren und Klavierspiel, war ihr nur im häuslichen Rahmen erlaubt.

Die Familie war für Fanny Hensel der wichtigste Bezugspunkt. Bei den Mendelssohns handelte es sich um eine Familie mit besonderen

Wurzeln, Fannys Großvater Moses Mendelssohn hatte sich für die Toleranz unter Juden und Christen eingesetzt. Nachdem ihre Eltern Abraham und Lea Mendelssohn von Hamburg nach Berlin zogen, ließen sie 1812 wegen der antijüdischen Stimmung in der Stadt ihre vier Kinder taufen, um ihnen mehr gesellschaftliche Chancen zu eröffnen, und die Kinder nahmen den Namen Bartholdy an. Die Familie Mendelssohn gehörte der gebildeten bürgerlichen Schicht Berlins an und engagierte sich rege im öffentlichen Leben der Stadt. Der Vater war Stadtrat, Fanny und Felix Mitglieder der Sing-Akademie. Auch nach Fanny Mendelssohns Heirat mit Wilhelm Hensel 1829 blieb sie mit ihrem Mann im elterlichen Hause wohnen. 1830 wurde ihr einziges Kind Sebastian geboren. Als ihre Mutter Lea Mendelssohn 1842 starb, übernahm Fanny Hensel ihre dominante Rolle innerhalb der Familie. Mit den drei Geschwistern Felix, Rebecka und Paul verband sie ein inniges Verhältnis. Viele Briefe dokumentieren den engen Zusammenhalt der Geschwister, die immer wieder ins Elternhaus zurückkehrten oder in unmittelbarer Nähe wohnten.

Bereits Lea Mendelssohn führte ein großes Haus und den musikalischen Salon Berlins, die Sonntagsmusiken. Er bot ihren Kindern die Möglichkeit, mit bekannten Musikern zu spielen und eigene Kompositionen aufzuführen oder aufführen zu lassen. Ihr Salon, seit 1822 in der Neuen Promenade 7 am Gendarmenmarkt, erfreute sich großer Beliebtheit. Nach dem Umzug der Familie in die Leipziger Straße 3 wurde er in noch größerem Rahmen fortgeführt; zu den Gästen gehörten Musiker und Künstler wie die Brüder Rietz, Klingemann, Paganini, Devrient und viele andere. Auch Fanny Lewald besuchte den Salon; sie charakterisierte Fanny Hensel als „sehr unterrichtet, sehr selbstbestimmt und als Musikerin ihrem Bruder ebenbürtig“.

Nach dem Tod der Mutter setzte Fanny Hensel die Sonntagsmusiken fort. Der Salon war bedeutend für ihre künstlerische Arbeit, er war ihre Öffentlichkeit. Hier konnte sie ihre Kompositionen vorstellen, Klavier spielen und sich der Kritik einer, wenn auch eingeschränkten Öffentlichkeit stellen.

Fanny Hensel hat, bedingt durch den gesellschaftlichen Druck, den ihr Vater und auch ihr Bruder auf sie ausübten, kaum Werke publiziert. Sie reiste nicht wie ihr Bruder Felix, der als Dirigent Erfahrungen sammeln konnte, ihr blieb „nur“ dieser häusliche Rahmen. Ein wenig änderte sich dies nach ihrer Heirat. Wilhelm Hensel unterstützte sie bei der Herausgabe ihrer Werke und reiste mit ihr nach Italien. Zentrum ihrer Arbeit blieb jedoch die Leipziger Straße 3.

Fanny Hensel starb 1847 im Alter von 36 Jahren an den Folgen eines Gehirnschlags.

Heute genießt Fanny Hensel eigenständige Beachtung und steht nicht nur im Schatten ihres Bruders. Einige ihrer über 450 Kompositionen sind inzwischen veröffentlicht, ihr vielseitiges Werk wird aufgeführt, Seminare und Publikationen widmen sich ihrem Werk und ihrem Leben. Zu ihrem 150. Todestag ehrte die Staatsbibliothek in der Ausstellung „Das verborgene Band" sie und ihren Bruder Felix, der ein halbes Jahr nach ihr starb. In der Musikbibliothek befindet sich das Mendelssohn-Archiv. Dazu gehört auch der Nachlass Fanny Hensels, den die Stiftung Preußischer Kulturbesitz 1964 geschenkt erhielt – handschriftliche Kompositionen, Korrespondenzen, Tagebücher und Alben erzählen von ihrem künstlerisch aktiven Leben in Berlin. Und auch in unserem Alltag ist sie inzwischen verewigt: In der Sonderreihe der Deutschen Bundespost „Frauen der deutschen Geschichte" ziert sie seit 1989 die 3,- DM Briefmarke.

26
LARA

Tempelhofer Ufer 14

Direkt am Landwehrkanal und der Hochbahnstrecke der U 1 hat LARA im Februar 1995 die großen Beratungsräume am Tempelhofer Ufer 14 bezogen. Der Name des Projekts geht zurück auf die römische Göttin Lara, Tochter des Flussgottes Almon. Jupiter soll ihr vor Zorn über ihre angebliche Geschwätzigkeit die Zunge ausgerissen und Merkur veranlasst haben, sie in die Unterwelt zu bringen. Merkur vergewaltigte Lara.

„Das Schweigen zur Sprache zu bringen“ ist ein Hauptanliegen des „Vereins gegen sexuelle Gewalt an Frauen e.V.“. Gegründet von Frauen aus autonomer Notruf- und Frauenhausbewegung, konnte nach drei Jahren Vorbereitungszeit mit finanzieller Unterstützung vom Senat für Arbeit, Berufliche Bildung und Frauen das Krisenzentrum für vergewaltigte Frauen eröffnet werden. LARA sieht ihre Aufgabe darin, sexuelle Gewalt abzubauen: „Der Verein trägt zur Verbesserung der gesundheitlichen Versorgung nach der Gewalttat bei und will durch öffentliche Stellungnahmen und Diskussionen über das Problem der sexuellen Gewalt gegen Mädchen und Frauen aufklären. Er will auf den institutionellen Umgang mit vergewaltigten Frauen und Mädchen verändernd einwirken durch Aufklärungs-, Öffentlichkeits- und Fortbildungsarbeit.“

Die Beraterinnen der LARA-Geschäftsstelle bieten neben telefonischer und persönlicher Beratung und Krisenintervention angeleitete Selbsthilfegruppen, Gruppentherapie und Kurzzeittherapie. Alle 14 Tage findet juristische Beratung durch Rechtsanwältinnen statt. Darüber hinaus gehören Unterstützung bei Erstattung einer Strafanzeige und die Prozessbegleitung zum Aufgabenbereich von LARA. Aufgrund gekürzter Haushaltsmittel musste 1996 die Möglichkeit der Krisenübernachtung eingestellt werden. Frauen, die Schutz benötigen, werden in der Regel an ein Frauenhaus verwiesen. Mädchen ab 12 und junge Frauen bis 19 Jahren können in der Zuflucht von Wildwasser e.V. aufgenommen werden.

LARA ist täglich von 9-24 Uhr über die Telefonnummer 216 88 88 zu erreichen, von Freitag bis Montag sogar rund um die Uhr.

27

Marie Juchacz und die Arbeiterwohlfahrt

Hallesches Tor 32-38

Marie Juchacz, um 1920

Die Arbeiterwohlfahrt (AWO), deren Berliner Sitz sich in einem schmucklosen Bau direkt am Halleschen Ufer befindet, wurde begründet von einer Frau. Sie war zugleich die erste Frau, die eine Rede in einem deutschen Parlament hielt: Am 19. Februar 1919 sprach Marie Juchacz in der Verfassung gebenden Nationalversammlung über die besonderen „Frauenaufgaben" der Parlamentarierinnen. „Frauenpolitik" war für sie das Bemühen für eine bessere soziale Sicherung, für bessere Arbeitsbedingungen und die politische und gesellschaftliche Gleichstellung.

Am 15. März 1879 in Landsberg/Warthe geboren, arbeitete Marie Juchacz nach dem Abschluss der Volksschule als Fabrikarbeiterin und Wärterin in einer Heil- und Pflegeanstalt. Als Frauen 1908 nach einer Änderung des Reichsvereinsgesetzes Mitglied einer Partei werden konnten, trat sie sofort der SPD bei. 1913 wurde sie Frauensekretärin der SPD, zunächst in Köln, 1917 wechselte sie nach Berlin und wurde hier Redaktionsleiterin der SPD-Frauenzeitschrift „Die Gleichheit". Damit war sie gleichzeitig Mitglied im SPD-Parteivorstand.

Bekannt wurde Marie Juchacz allerdings nicht als Parteipolitikerin, sondern als Gründerin der Arbeiterwohlfahrt. Im Dezember 1919 stellte sie im SPD-Parteivorstand den Antrag, einen „Hauptausschuß für Arbeiterwohlfahrt" zu gründen. Die AWO entwickelte sich in den folgenden Jahren zu einem Verband, der in erster Linie Stellungnahmen zu sozialpolitischen Gesetzesvorhaben erarbeitete. Aber auch soziale Einrichtungen wurden gegründet, die neue pädagogische und soziale Maßstäbe setzten und damit bei der Bevölkerung, der fachlich interessierten Öffentlichkeit und der Gesetz gebenden Körperschaften Anerkennung fanden. Der Sitz der AWO war bis 1933 am Belle-Alliance-Platz 8, dem heutigen Mehringplatz.

Marie Juchacz blieb Vorsitzende der AWO bis zu deren Verbot 1933. Um der Verhaftung zu entgehen floh sie über das Saarland und Frankreich 1941 ins Exil nach New York. Nach dem Ende der Nazi-Herrschaft organisierte sie Hilfslieferungen von Lebensmitteln und anderen Bedarfsgütern nach Deutschland. 1949 kehrte sie nach Deutschland zurück, übernahm jedoch keine Funktion innerhalb der AWO. Noch im Jahr ihrer Rückkehr wurde sie zu deren Ehrenvorsitzenden ernannt. Marie Juchacz starb am 28. Februar 1956 in Bonn.

28

Kartoffelunruhen am Halleschen Tor

Mehringplatz

Wenige Schritte vom Halleschen Tor liegt der ehemalige Belle-Alliance-Platz. Von dort, dem heutigen Mehringplatz, gingen am 21. April 1847 tumultartige Unruhen aus, die sich über die ganze Stadt erstreckten und deren Hauptakteurinnen Frauen waren. Diese Vorboten der Revolution von 1848 sind als Kartoffelunruhen in die Geschichte eingegangen.

Auslöser war die Erhöhung der Kartoffelpreise. Sie traf besonders die ärmsten Bevölkerungsschichten, deren Hauptnahrungsmittel neben Brot, Mehlsuppe und Hafergrütze die Kartoffel war. Aufgrund einer schlechten Vorjahresernte sowie allgemeiner Lebensmittelknappheit litten sie ohnehin unter den hohen Preisen. Wucherinnen und Hökerinnen versuchten, aus der Not noch Kapital zu schlagen. Die Wut der Frauen, von deren Einkauf es abhing, ob die Familie satt wurde, entlud sich in tätlichen Angriffen und Plünderungen. Die zeitgenössische Zeitung „Der Publizist" überliefert das Geschehen so: „Der Skandal hatte inzwischen eine große Menschenmasse zusammengebracht, die sich fortwährend mehrte. Den Mittelpunkt desselben bildeten Weibermützen, und ein von Zeit zu Zeit sich erneuerndes schrilles Gekreisch war jedes Mal das Zeichen eines neuen Kartoffelsturms."

Nicht nur Kartoffelstände wurden gestürmt, sondern auch Fleischereien und Bäckereien. Sogar Uhrmacherläden wurden zum Teil erheblich beschädigt und geplündert. Gegen Abend verlagerte sich der Protest weiter nach Norden, ins Zentrum der Stadt. Dort richtete er sich gegen Häuser, Kirchen und vornehme Kutschen. Auch am folgenden Tag trat keine Ruhe ein. Die Staatsmacht reagierte mit dem Einsatz von Militär und Verhaftungen vermeintlicher „Rädelsführerinnen". Aber sie setzte auch die Preise für Kartoffeln fest.

Die Öffentlichkeit war befremdet und entsetzt über die Taten der „Furien". Als nur ein knappes Jahr später die Berliner Bürgerinnen und Bürger in den revolutionären Märztagen ihrem Unmut gegen den Staat Luft machten, waren die Frauenproteste vom Halleschen Tor schon wieder vergessen.

29

Fräulein von der Post

Tempelhofer Ufer 1

Die Fräulein vom Amt – hier 1919 im Berliner Handvermittlungsamt Hansa

Die Reichshauptstadt Berlin dehnte sich Ende der siebziger Jahre des 19. Jahrhunderts über den Landwehrkanal hinaus aus. Die Tempelhofer Vorstadt – das spätere Kreuzberg 61 – wurde bebaut, die Bevölkerung wuchs und brauchte ein neues Postamt. 1879 wurde das Postamt SW 61 eingerichtet, 1901 ein neues Gebäude im Stil der damals beliebten „norddeutschen Backsteingotik" am Tempelhofer Ufer 1 fertiggestellt. Es ist bis heute das Hauptpostamt für das südwestliche Kreuzberg.

Gegen Ende des 19. Jahrhunderts verschlechterte sich die wirtschaftliche Lage großer Teile des Bürgertums – dem Rausch der Gründerzeit folgten die Pleiten. Viele Familien konnten ihre unverheirateten Töchter, Schwestern und Tanten nicht mehr ernähren. Die starre ideologische Zuweisung der Frauen ins Haus musste aufgegeben werden, die Frauen durften oder mussten erwerbstätig werden. Allein die bisher akzeptierten Berufe Erzieherin und Lehrerin reichten nicht mehr aus; mehr und mehr unverheiratete Frauen aus bürgerlichen Familien suchten nach Arbeitsmöglichkeiten in Bereichen, in denen Wert auf Bildung gelegt wurde. Die außerhäusliche Arbeit sollte aber doch möglichst dem weiblichen Rollenbild entsprechen. Der Weg in die Fabriken war für Bürgertöchter undenkbar.

Schon 1869 hatte der Lette-Verein gefordert, Frauen zum Bahn-, Post- und Telegrafendienst zuzulassen. 1872 wurde eine entsprechende Petition von mehreren Frauenbildungs- und -erwerbsvereinen an den Reichstag gerichtet. Die Argumente, die in diesem damals noch reinen Männerparlament gegen den Antrag vorgebracht wurden, klingen noch heute, fast 130 Jahre später, nicht unbekannt: Frauen hätten nicht die notwendigen körperlichen Kräfte, hieß es da, und sie besäßen nicht die Autorität, um sich sowohl gegenüber Kollegen als auch dem „gemischten Publikum“ durchzusetzen. Da im Dienst Frauen nicht von Männern getrennt werden könnten, wären Schwierigkeiten vielfältiger Art zu befürchten und es müsse mit Störungen im Dienstablauf durch eine mögliche Heirat der Frauen gerechnet werden.

Dennoch nahm der Reichstag die Petition an und auch Generalpostmeister von Stephan stimmte schließlich zu, der Personalmangel ließ ihm keine Wahl. Seit 1886 arbeiten Frauen bei der Post, damals vor allem als „Telefonfräulein“. Die Gespräche wurden noch manuell über das Amt vermittelt, von den „Fernsprechgehilfinnen“, wie die offizielle Bezeichnung lautete. Telefone waren um 1880 in Berlin das Allerneueste, ein „Telefonfieber“ hatte die Stadt ergriffen. Die Post brauchte Personal und Frauen waren billiger als Männer. Sie erhielten nicht die gleichen Versorgungsleistungen wie ihre männlichen Kollegen, hatten keinerlei Absicherung, die Kündigung bei langer Krankheit oder Heirat war legitim – ein gutes Geschäft. Die Post selbst schreibt dieses Kapitel ihrer Geschichte anders: Weibliche Stimmen wurden damals als besser geeignet für den Telefondienst empfunden. Frauen wären eingestellt worden, um die weibliche Emanzipation im Erwerbsleben zu unterstützen.

Sowohl Staat als auch Privatwirtschaft griffen gern auf die billigere Frauenarbeitskraft zurück, als um die Jahrhundertwende immer mehr Angestellte im Dienstleistungsbereich gebraucht wurden. Der Einzug der Frauen in Läden, Kontorsäle und Büros, in das Bahn-, Post- und Telegrafenwesen rief zwar heftigen Widerstand der männlichen Angestellten hervor, die Angst vor Konkurrenz hatten, doch er blieb ohne Erfolg. Die junge, selbständige, emanzipierte Büroangestellte, insbesondere das „Tipp- und Telefonfräulein“, verkörperte idealtypisch das Bild der „Neuen Frau“ der zwanziger Jahre. Für die meisten weiblichen Angestellten war die Geist tötende, gleichförmige Arbeit im Büroalltag bei wenig

Lohn und schlechten Arbeitsbedingungen allerdings nur dadurch erträglich, dass ihr Ende absehbar war. Die Ehe erschien als ein Ort der Sicherheit, Harmonie und Befreiung und mit der Verheiratung gaben die meisten Frauen ihren Beruf gerne auf – wenn die Familie es sich leisten konnte.

Frauen, die im Amt blieben, organisierten sich 1907 auf Initiative von Hedwig Rüdiger in einem Berufsverband der Post- und Telegrafenbeamtinnen. Wie auch bei anderen solchen Interessenvertretungen ging die Fürsorge des Verbandes über den rein beruflichen Bereich hinaus. Freizeit und Erholungsmöglichkeiten (z.B. Ferienheime) wurden geschaffen und 1924 ließ der Verband in Berlin-Witzleben, am Lietzensee, sogar Wohnhäuser für ledige Postbeamtinnen errichten. Das Hedwig-Rüdiger-Haus für bei der Post beschäftigte Frauen steht seit 1925 in der Dernburgstraße, in der Nähe des Lietzensees.

30

Friedhöfe vor dem Halleschen Tor

Zossener Straße

Weibliche Plastik als
Personifikation der Trauer

Friedhöfe sind Kultstätten des Todes und zeugen von Vergänglichkeit. Wir aber können uns hier sehr lebendig fühlen: Wir finden hier Kunst und Natur, Vogelgezwitscher und gute Luft, im Sommer ist es angenehm schattig und kühl. Auf Friedhöfen lässt es sich gut schlendern, in Ruhe ein Buch lesen oder auf Spurensuche gehen.

Am Hauptweg von der Zossener Straße, verborgen hinter Zweigen, ist auf einem namenlosen Grab eine weibliche Figur zu sehen, die sich von der Betrachterin abwendet. Bekleidet mit einem Umhang, in ihrer Rechten einen Mohnkranz, in ihrer Linken einen Palmzweig – Sinnbilder für ewigen Schlaf und irdischen Ruhm –, stößt sie behutsam eine Tür auf: das Portal zum Reich der Toten. Dieser Augenblick des Abschieds ist seit Mitte des 19. Jahrhunderts ein Thema in der Grabmalkunst.

Das beeindruckendste Grabmal der Friedhöfe ist das um 1910 entstandene Jugendstilgrabmal für Clara Gräfin von Einsiedel. Eine Frauengestalt liegt erhöht, wie aufgebahrt unter einem gewaltigen steinernen Bogen. Der Kopf ist wie im Schlaf geneigt, so dass wir ihr gerade ein wenig ins Gesicht sehen können. Malerisch fällt das Gewand herab, der Strahlenkranz um die Taube des Heiligen Geistes war ehemals vergoldet. „Mächtiger als der Tod die Liebe", lesen wir am Sockel.

In der Nähe des Grabes Rahel Varnhagens, von einem Lebensbaum verborgen, findet sich ein steinerner, viereckiger Sockel. Auf ihm stand früher ein Engel, den Wilhelmine Beschort (1819-1881) nach dem Tod ihrer Schwester 1864 als Grabmal aufstellen ließ. Die stark verwitterte Inschrift lautet: „Hier ruht in Gott / meine innigst geliebte Schwester / Sylvia Elisabeth Mathilde Beschort. / Ihr folgt die treue Schwester / Wilhelmine Eleonore Ottilie Beschort." Die Stifterin des Krankenhauses Am Urban, Wilhelmine Beschort, fand hier die letzte Ruhe neben ihrer Schwester, der Schauspielerin Sylvia Beschort.

Zwei schöne Jugendstil-Grabmale entstanden für die Künstlerfamilie Bennewitz von Loefen. Aus einem kantigen Kalksteinmonolith erwächst in weichen Linien die Porträtplastik einer gekrönten Frau, die sich dem Grab von Emy Bennewitz von Loefen, geb. Schlieper (1855-1894) zuneigt. Im Medaillon darunter ein Trauerweidenmotiv, wie andere hängende Baumarten ein Lieblingsbaum der Grabkunst und Friedhöfe. Das Grabmal ähnelt dem Nachbargrab der Schwiegereltern: In einem ornamental eingefassten Kreis blickt auch hier eine Frau, vermutlich die Verstorbene, nachdenklich herab. Sie personifiziert „Ars", die Kunst, und gibt einen Hinweis auf die Vorlieben der Familie Bennewitz von Loefen.

Eine große Grabstätte, unter Bäumen und von Gitter umzäunt, ist nicht zu verfehlen: Fanny Hensel, geb. Mendelssohn-Bartholdy (1805-1847), liegt hier neben ihrem geliebten Bruder Felix, ihrem Mann Wilhelm und ihrem Sohn Sebastian. Auf ihrem Grabstein steht: „Gedanken gehn und Lieder fort bis ins Himmelreich". Die Noten ihres letzten Liedes „Bergeslust" verweisen auf ihren Beruf als Komponistin. Die Grabstätte wird seit 1972 als Ehrengrab von der Stadt gepflegt; die mit Eisengitter umzäunten Grabstellen gaben dem Areal den Namen Gitterfriedhof.

Schwer zu finden ist das unscheinbare Grabmal für Rahel Varnhagen (1771-1833). „Gute Menschen / wenn etwas gutes für die / Menschheit geschieht / dann gedenkt freundlich in / Eurer Freude auch meiner", steht neben der schlichten, Efeu umrankten, weißen Grabplatte. Wie ihre Freundin Henriette Herz wurde Rahel Levin bekannt durch ihre Salons, die sie bis 1806 in der Jägerstraße und später ab 1819 in der Französischen und dann in der Mauerstraße führte. Bekannte Männer und Frauen, Dichter, Künstler und Philosophen diskutierten bei Tee und Gebäck über das Leben und tagespolitische Ereignisse. „Rahel war enthusiastisch bis zum Exzeß. Alles, was ihr gefiel: Menschen, Briefe, Bücher, Kleider – war himmlisch, göttlich, feenhaft!", schrieb die Schauspielerin Karoline Bauer über die Gastgeberin. 1814 hatte sie sich taufen lassen und den 14 Jahre jüngeren Karl August Varnhagen von Ense geheiratet. Rahel Varnhagen erkrankte während der Choleraepidemie in Berlin und starb im März 1833.

Ein gusseisernes schwarzes Kreuz trägt die goldenen Lettern: „Henriette, verwitwete Hofrätin Herz, geb. de Lemos (1764-1847)". Dreizehnjährig wurde Henriette, Tochter eines Arztes, nach jüdischem Brauch verlobt und heiratete zwei Jahre später den doppelt so alten Arzt Marcus Herz. Henriette Herz lernte im Laufe ihres Lebens zehn Sprachen und war als geistreiche und belesene Frau die berühmteste und schönste Salondame Berlins. Um 1800, als Berlin noch keine Universität hatte, waren die Salons die eigentlichen Zentren des künstlerischen, wissenschaftlichen und politischen Disputs. Oft waren die Gastgeberinnen jüdischer Herkunft und das Führen eines Salons Ausdruck weiblicher Emanzipation. Henriette Herz eröffnete 1787 in ihrem Haus in der Friedrichstraße 22 ihren Salon, der bis ins Jahr 1803 bestand. Zu ihren Gästen zählten die Brüder Humboldt, Schleiermacher, Iffland und auch die Mendelssohns. Eine besondere Freundschaft verband sie mit Rahel Varnhagen und Dorothea Schlegel.

Auch „die Bethmann" war häufig Gast im Salon der Henriette Herz. In der Friedhofsmauer findet sich das Grabmal für „Friederike Bethmann gewesene Unzelmann, geborene Flittner. Königliche Hofschauspielerin, geb. zu Gotha d. 24. Januar 1768, gest. zu Berlin, d. 16. August 1815". Friederike Flittner wurde von ihrem Stiefvater, dem Theaterdirektor Großmann, ausgebildet und trat mit 17 Jahren zum ersten Mal in Mainz auf. Mit 25 Jahren heiratete sie den Schauspieler Unzelmann und kam mit ihm nach Berlin. Sie ließ sich von Unzelmann scheiden und heiratete 1803 den Schauspieler Bethmann. Ihr künstlerisches Repertoire war sehr umfangreich, bis 1793 trat sie auch erfolgreich als Opernsängerin auf. „In Hinsicht auf gesunde, mit Natur und Wahrheit, mit Geist, Gemüt und Witzlaune verbündete Kunst ist (die) Bethmann das allseitig Vollendetste, was ich je gesehen", schrieb ein Kritiker und bescheinigte ihr „die vielfarbigste Wandlungsfähigkeit für Stimmung des Denkens und Empfindens".

Nicht zufällig finden sich die berühmtesten Salondamen vor dem Halleschen Tor versammelt, die Gemeinden in der Nähe ihrer Salons hatten und haben hier ihre Friedhöfe. Die drei protestantischen Kirchen Jerusalem, Neue Kirche und Dreifaltigkeit teilen sich noch heute das

Friedhofsgelände zwischen Zossener Straße und Mehringdamm. Als im 18. Jahrhundert die Friedhöfe in der Stadt zu eng wurden, ließen die Gemeinden neue außerhalb der Stadtmauern anlegen; vor dem Halleschen Tor bekamen die Kirchen der südlichen Friedrichstadt ihre neue Begräbnisstätte. Die Gegend war jedoch so sumpfig, dass die Toten bei Hochwasser, wenn der Landwehrgraben über die Ufer trat, eher im Wasser als in der Erde lagen. Durch die Verlegung der Begräbnisstätten vor die Stadttore mussten die Leichentransporte wegen der langen Wege nun mit Wagen durchgeführt werden – ein bedeutender Einschnitt für Begräbnisrituale und -zeremonien.

Friedhof am Halleschen Tor

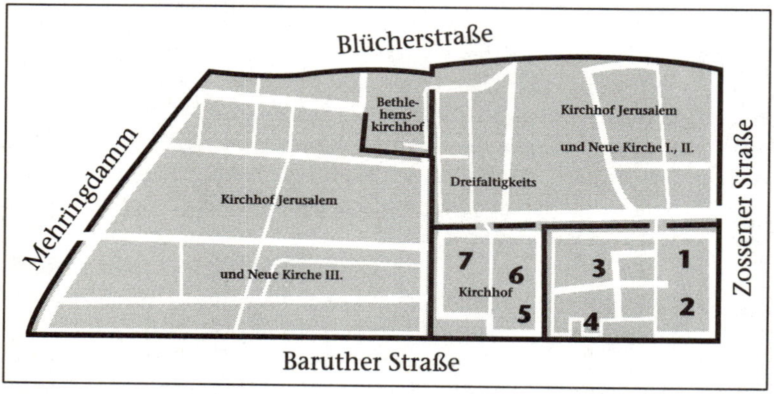

1 H. Herz, **2** E. Bennewitz von Löfen, **3** C. von Einsiedel,
4 F. Bethmann-Unzelmann, **5** R. Varnhagen, **6** W. Beschort,
7 F. Hensel

31

Patente Melitta

Gitschiner Straße 97

Melitta Bentz und ihre Erfindung

Im Jahre 1905 bezog das Kaiserliche Patentamt seine neuen Räume am damaligen Gitschiner Ufer. Bis 1942 gingen hier 2,4 Millionen Patente ein. Heute befindet sich der Hauptsitz des Deutschen Patentamtes in München, das Haus in Berlin ist eine Nebenstelle. In der Auslegehalle in der Gitschiner Straße können registrierte Patente und Gebrauchsmuster eingesehen werden, so auch das von Melitta Bentz.

Am 11. Juni 1908 meldete die Hausfrau Melitta Bentz, geborene Liebscher, wohnhaft in der Marschallstraße 31 in Dresden, unter der Nummer 343 556 ihre Erfindung an: einen Kaffeefilter. Um die Jahrhundertwende war das Kaffee Kochen noch aufwendige Arbeit, die Bohnen mussten mit der Hand gemahlen werden. Die üblichen Filtermethoden durch Keramik- oder Metallsiebe mit großen Löchern ließen zuviel Kaffeesatz durch, Filter aus Leinensäckchen verstopften oder der Kaffee lief zu langsam. Melitta Bentz nahm zum Kaffee Kochen einen Messingtopf, durchlöcherte ihn mit Hammer und Nagel und legte als Filter ein zurechtgeschnittenes Löschblatt aus dem Schulheft ihres Sohnes darauf.

Bei einem Kaffeekränzchen wurde die Erfindung getestet und für gut befunden. Mit ihrem Ehemann Hugo verfeinerte sie die Erfindung, da Löschpapier eine zu lange Filtrierzeit besaß. Am 20. Juni 1908 wurde der „Kaffeefilter mit auf der Unterseite gewölbtem und mit Vertiefung versehenem Boden sowie mit schräg gerichteten Durchflußlöchern" als Gebrauchsmuster, einem Schutzrecht für Erfindungen geringerer Bedeutung, eingetragen.

Der Melitta-Kaffeefilter revolutionierte die Kaffeekultur. Unter dem Namen „Melitta Bentz" wurde am 15. Dezember 1908 eine Firma ins Dresdner Handelsregister eingetragen. Hugo Bentz gab seine Arbeit als Abteilungsleiter in einem Kaufhaus auf, in einem Zimmer ihrer Dresdner Wohnung stellte die ganze Familie in Handarbeit Original-Melitta-Kaffeefilter her. Das klassische Familienunternehmen startete mit einem liquiden Startkapital von 73 Reichspfennigen. Melitta Bentz hatte zunächst mit ihrem Mann die Firmenleitung inne, zog sich später aber aus dieser Position zurück. In der Chronik der Firma wird sie gern als die „Seele des Geschäftes" bezeichnet.

Das Produkt wurde im Handel vorgeführt, auf der Hygieneausstellung in Dresden 1910 erhielt der „Filtrierapparat" goldene und silberne Medaillen. 1912 begann die Firma eine eigene Filterproduktion im großen Stil. Der 1908 entworfene 13 Zentimeter hohe Messingbehälter wurde weiterentwickelt, ein Rundfilter mit Aluminium, später aus Porzellan oder Steingut, getestet. 1937 wurde der heute verwendete, konisch geformte und innen gerippte, mit Schlitz förmigen Löchern am Boden entworfen. Seit 1925 gibt es die typische rot-grüne Verpackung der Filtertüten.

Die Firma expandierte und zog 1929 um nach Minden in Westfalen. Hier kamen eine Papierfabrik zur Eigenfertigung der Filterpapiere und eine Porzellanmanufaktur hinzu. Als NS-Musterbetrieb mit der „goldenen Fahne" ausgezeichnet, beteiligten sich die Melitta-Werke an der Herstellung von Gasmaskenfiltern, angefertigt von polnischen und russischen Zwangsarbeiterinnen und Zwangsarbeitern. Heute ist die Melitta Unternehmensgruppe Bentz KG vor allem durch Produkte zur Kaffeebereitung und Filterpapier, mittlerweile mit Aromaporen und aus ungebleichtem Zellstoff, für Haushalt, Gastronomie und Großverbrauch bekannt. Auch Produkte wie Toppits-Folien, Swirl-Haushaltstücher und Cilia-Teefilter werden hergestellt.

Melitta Bentz starb im Alter von 77 Jahren am 29. Juni 1950.

32
Suchlandsche Badeanstalt

An der Baerwaldbrücke

Das Kreuzberger Freibad, das „Prinzenbad", liegt zwischen Landwehrkanal und Gitschiner Straße. Ungefähr an gleicher Stelle, damals aber noch wirklich im Kanal, befand sich in der zweiten Hälfte des 19. Jahrhunderts die Suchlandsche Badeanstalt. Die damaligen Fluss- und Kanalbadeanstalten waren wenig mehr als Holzeinzäunungen eines kleinen Areals Kanalwasser, überdacht oder offen – in jedem Fall von den Seiten nicht einsehbar. Freibäder in Berlin gab es nur für Männer, bis Amalie Lutze die „Lutzesche Flußbadeanstalt für Damen" an der Spree eröffnete. Sie hatte damit so großen Erfolg, dass andere Badeanstalten mit speziellen Badezeiten für Frauen nachzogen. Gegen Ende des 19. Jahrhunderts begann die Zeit des gemeinsamen Badens beider Geschlechter – nicht zum Vergnügen aller Frauen.

In unmittelbarer Nähe des Landwehrkanals lagen die Gasanstalten, deren Kohlengebirge am Ufer das Wasser verschmutzten. Doch diese Umgebung trübte das Badevergnügen der Berlinerinnen nicht. Agathe Nalli-Rutenberg berichtet über ein Fest, dass sie 1856 mit Freundinnen in der Suchlandschen Badeanstalt im Landwehrkanal feierte: „In dieser ziemlich primitiven Anstalt arrangierte ich einmal ein hübsches Masken-Schwimmfest. Die an demselben teilnehmenden Damen mußten eine jede in irgendeinem für den Zweck passenden Kostüm erscheinen. Eine schöne junge Frau war als Bacchantin gekleidet; sie trug auf dem Kopfe einen Kranz von Trauben und Weinblättern. Eine andere erschien als Student, das Cereviskäppchen auf den blonden Locken, den Schläger in der Rechten. Ich selbst war im Kostüm einer Nymphe; im langen gelösten Haar hingen Wasserlilien und grüne Schilfranken.

In schön geordnetem Zuge, mit der Musik voran, die in einem Leierkasten bestand, welchen eine der Damen in Bewegung setzte, zogen wir feierlich um das ganze Bassin herum, und dann – auf ein gegebenes Zeichen – sprang von dem Sprungbrett eine nach der anderen der kühnen Schwimmerinnen hinab, bis das Wasser von all den malerisch ausschauenden jugendlichen Gestalten gar lieblich angefüllt war."

33
Krankenhaus am Urban

Dieffenbachstraße 1

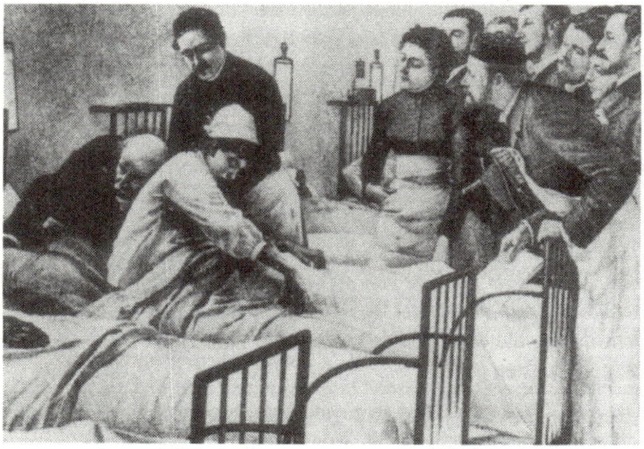

Die erste Patientin, Zeichnung von 1890

„Ich ... vermache hiermit mein ganzes Vermögen der Stadtgemeinde zu Berlin, behufs Gründung einer Krankenheilanstalt unter dem Namen Ottilie und Mathilde Beschort'sche Stiftung ... Personen, die infolge geschlechtlicher Ausschweifungen an Syphilis erkrankt sind, sowie Personen, die an Säuferwahnsinn, Tobsucht und dergleichen leiden, (sind) von der Aufnahme ... ausgeschlossen."

Als Eleonore Wilhelmine Ottilie Beschort 1862 dieses Testament schrieb, gab es noch keine städtischen Krankenhäuser in Berlin. Auch Krankenversicherungen hatte noch niemand gegründet; wer krank wurde, ließ sich zu Hause pflegen – soweit das nötige Geld vorhanden war. Die kirchlichen Spitäler und die königliche Charité nahmen vorwiegend arme Leute auf, aber ihr Platz reichte nicht aus.

Es war zu dieser Zeit nicht ungewöhnlich, dass eine Frau ihr Vermögen für wohltätige Zwecke stiftete. Eleonore Wilhelmine Ottilie Beschort war eine Tochter der Wilhelmine Caroline von Preuß und des Hofschauspielers Beschort, geboren und aufgewachsen in der alten Stadtmitte,

Kanonierstraße 28. Später zog sie aus der Stadt nach Lichterfelde, doch ihre „letzte Reise“ führte sie zurück: Auf dem Dreifaltigkeitsfriedhof vor dem Halleschen Tor wurde sie 1881 neben ihrer Schwester begraben. Ein halbes Jahr vor ihrem 40. Geburtstag hat sie das Testament aufsetzen lassen – noch ohne den Zusatz, der die Syphiliskranken ausschloss.

Die Stadtverwaltung hat die Wünsche der Spenderin nicht erfüllt, das Geld aber gern genommen. Sechs Jahre nach ihrem Tod begann der Bau des inzwischen dritten städtischen Krankenhauses, das den gesamten Berliner Süden versorgen sollte. Eine Marmortafel am Eingang erinnerte an die Geldgeberin: „Zum ehrenden Gedächtnis an Fräulein Eleonore Wilhelmine Ottilie Beschort, gestorben am 14. April 1881, deren der Stadtgemeinde Berlin testamentarisch überwiesener Nachlaß im Betrage von 600.000 Mark zum Bau dieses Krankenhauses mit verwendet worden ist“. Die Tafel ist längst verschwunden, die 600.000 Mark haben ein Fünftel der Bau- und Einrichtungskosten gedeckt.

Am 10. Juni 1890 um 9.00 Uhr morgens stand die erste Patientin vor der Tür, ein lungenkrankes Dienstmädchen. Eine Zeichnung zeigt sie umringt von schwarz berockten Männern und fürsorglichen Frauen im Krankensaal. Kleine Pavillons waren gebaut worden, damals aus hygienischen Gründen sehr modern in der Krankenhausarchitektur. Ein Teil der Gebäude ist an der Dieffenbach-, Ecke Grimmstraße erhalten. Der Neubau des Urban-Krankenhauses wurde 1970 vollendet. Der Komplex mitsamt der Grünanlage am Wasser entstand auf einem Teil des zugeschütteten Urbanhafens. Nur die Verbreiterung des Kanals an dieser Stelle verweist noch auf die ehemalige Hafenanlage.

In den ersten 30 Jahren arbeiteten hier neben Ärzten, Apothekern und ungelerntem Personal ausschließlich „Viktoria-Schwestern“. Das „Viktoria-Haus für Krankenpflege“ bildete seit 1877 Krankenschwestern aus. Es war die erste nicht konfessionelle Krankenpflegeschule, angesiedelt am 1874 gegründeten Krankenhaus Friedrichshain. Der Name Viktoria war der Vorname seiner Schirmherrin, der Kaiserin. Das „Viktoria-Haus“ bezahlte die Schwestern und schickte dem Krankenhaus die Rechnung. Die Viktoria-Schwestern unterstanden nicht den Ärzten, sondern ihrer Oberschwester, die wiederum nur dem Viktoria-Haus rechenschaftspflichtig war. In einer Schrift über das Krankenhaus von 1895 hieß es: „Durch die Verwendung der Viktoria-Schwestern in der Krankenpflege ist ein bedeutender Schritt zur Besserung derselben gethan, da nunmehr die gebildeten Klassen an der practischen Krankenpflege theilnehmen, und das weibliche Geschlecht bekanntlich eine besondere Veranlagung hierzu besitzt. Auch wegen ihrer moralischen Eigenschaften haben die Pflegerinnen den Vorzug vor dem männlichen Wartepersonal." 1894 verdiente eine Schwester 480 Mark im Jahr, das entsprach dem Monatsgehalt eines ärztlichen Direktors.

Eine neue Berufsgruppe kam 1913 ins Urban, die Krankenhausfürsorgerinnen. Seit ca. 1895 schon gab es in der Charité und im Moabiter Krankenhaus einen Sozialen Dienst von Frauen aus den „Mädchen- und Frauengruppen für soziale Hilfsarbeit". Sie besuchten die Kranken, um sich nach ihrer sozialen Lage zu erkundigen und nötigenfalls Hilfe zu leisten, z.B. indem sie sich um die Kinder der Patientinnen kümmerten. Dieser Soziale Dienst sollte nun auch auf andere Krankenhäuser ausgedehnt und von mehreren Vereinen getragen werden. Die Zulassung erhielten die „Mädchen- und Frauengruppen für soziale Hilfsarbeit" (Alice Salomon), der „Verein Wohlfahrt der weiblichen Jugend" (Pfarrer Burckhardt), die „Verbündeten Frauenvereine von Gross-Berlin" (Minna Cauer), der „Berliner Frauenverein" (Helene Lange) sowie sieben weitere Vereine. Sie etablierten sich bald unter dem Namen „Soziale Krankenfürsorge" unter dem Vorsitz von Alice Salomon. Für jedes Krankenhaus wurde eine Fürsorgerin bestellt, die mit Helferinnen die Betreuung übernahm. Antonie Müller war die erste Fürsorgerin im Urban.

Lina Schiemann wurde 1907 als erste Volontärärztin angestellt. An anderen städtischen Berliner Krankenhäusern wurde ein Jahr später der „Versuch" gemacht, „weibliche Ärzte" als reguläre Assistenzärzte einzustellen. Im selben Jahr wurden in Preußen Frauen erst an den Universitäten zugelassen, die Berliner Ärztinnen hatten im Ausland studieren müssen. 1913 gab es in Deutschland 151 Ärztinnen, davon 124 im Gebiet des heutigen Berlin. In leitende Positionen gelangten Frauen allerdings nicht – sie sind auch heute noch mehrheitlich mit Männern besetzt.

34

Trotz Kleinheit großzügig

Fraenkelufer 26, 38 und 44

Die „Baller-Bauten“ an der Admiralbrücke

Die Neubauten am Fraenkelufer, die „Baller-Bauten“, sind Anfang der achtziger Jahre im Rahmen der Internationalen Bauausstellung (IBA) entstanden. Die Architektin Inken Baller hat sie gemeinsam mit ihrem Mann entworfen und damit ein Stück Berliner Baugeschichte geschrieben. Über die Entstehungsgeschichte des Projektes berichtet sie wie folgt:

„In Kreuzberg kann man sehr genau die unterschiedlichen Stadien der Sanierungsgeschichte nachvollziehen. Das erste Stadium der Sanierung ist die Flächensanierung gewesen, also der Totalabriss, das zweite Stadium war die Hofentkernung und das dritte die behutsame Erneuerung. An dem Block Fraenkelufer kann man quasi alle drei Stadien in engem Nebeneinander ablesen: An der Kohlfurter Straße ist flächensaniert, im Block Fraenkelufer 1975 der Hof entkernt worden. Ursprünglich war geplant, durch diesen Block eine Straße hindurch zu bauen. Dafür hätten weitere Gebäude abgerissen werden müssen. Das Ufer sollte zur Grünzone werden, als Kompensation für den durch Bebauung verloren gegangenen Böcklerpark. Dieser Plan bestand bis 1979, das Geld für die Straße war sogar schon bewilligt. Es ist wirklich in letzter Minute von der Bezirksverordnetenversammlung ein Beschluss gefasst worden, das Ganze noch einmal zu überdenken. Gleichzeitig wurde die IBA institutionalisiert und aufgrund des BVV-Beschlusses ein Gutachterverfahren eingeleitet, in dem vier Architekten eine Lösung für diesen Block finden sollten.

Die damalige Situation kann man sich heute gar nicht mehr vorstellen. Die Häuser waren zum allergrößten Teil entmietet, der Hof selbst war eine Müllhalde. Es traute sich kein Mensch, am Ufer entlang zu gehen. Innerhalb des Gutachterverfahrens wurde sehr stark mit Bürgerbeteiligung gearbeitet; es ist also weitestgehend durch die Bürger selbst entschieden worden, die sehr stark für unseren Vorschlag votiert haben, gegen den Senat, der ein anderes Projekt befürwortete. Das war 1979. Wir haben 1980 den Auftrag von der Wohnungsbaugesellschaft erhalten, die Sanierungsträgerin in dem Gebiet war, mussten aber, bevor wir den endgültigen Auftrag bekamen, nachweisen, dass wir mit den Kosten des sozialen Wohnungsbaus auskommen würden. Dann durften wir endlich anfangen zu bauen ... Schön war während der Bauzeit, dass man das ganze Milieu sehr gut kennen gelernt hat. Wir waren unheimlich oft da, man wohnt ja so ein bisschen auf der Baustelle. Man kennt die Leute, die da drum herum wohnen, und die Katzen und die Geschäfte. Es ist ein richtiges System, das sich mit der Zeit entwickelt.

Gerade in der Bauausführung selbst bin ich maßgeblich tätig gewesen. Wir hatten nur Frauen als Bauleiterinnen auf der Baustelle. Die Bauleiterinnen müssen die gesamte Organisation und Koordination auf dem Bau leisten; das ist üblicherweise bis heute eigentlich ein reiner Männerjob. Eine dieser Frauen war nachher sogar hochschwanger, das ist schon selten auf dem Bau.

In allen Wohnungen, die wir entwerfen, gibt es Prinzipien, die wir uns als Ziele setzen. Das eine ist, dass jede Wohnung, auch im sozialen Wohnungsbau, sehr großzügig sein, etwas von der Großzügigkeit der Berliner Altbauten haben soll; dass man auch in einer kleinen Dreizimmerwohnung von 85 bis 90 Quadratmetern zwölf oder 15 Meter weit sehen kann. Diese Großzügigkeit ist normalerweise in Neubauten verloren gegangen, in den Wohnungen am Fraenkelufer ist uns diese Umsetzung recht gut gelungen. Ein zweiter Punkt ist die Verbindung zwischen Innenraum und Außenraum. Das ist bei den Häusern direkt am Ufer nicht einfach zu erreichen, weil sie ja hoch geständert sind als Toreinfahrt. Aber hinten, in den Häusern an der Brandwand, besteht eine sehr enge Verzahnung. Die Häuser vorne haben große Wintergärten als Ausgleich. Immer sehr wichtig sind große Fenster. Das können wir uns leisten, weil wir große Raumtiefen haben. Die Mieter waren anfänglich sehr besorgt, dass das hohe Heizkosten bedeuten würde. Es ist genau das Gegenteil eingetreten, es entstehen sehr geringe Heizkosten, weil die Fenster nach Süden gerichtet sind und sie dadurch viel passiven Wärmegewinn haben.

Ich finde es schön, wie die Häuser von den Mietern akzeptiert worden sind. Das sieht man daran, dass die Häuser inzwischen richtig eingewachsen sind, im Sommer sind sie völlig überwuchert von Pflanzen und Blumen. Das ist ein Zeichen dafür, dass die Leute es lieben, dort zu wohnen. Man kann es auch an den Wohnungen selbst sehen; es gibt nicht zwei, die sich in ihrer Atmosphäre ähneln. Die Leute haben sehr stark einen individuellen Ausdruck gefunden, ihre eigene Phantasie walten lassen. Es ist eben kein Nullachtfuffzehn. Deswegen können die Mieter auch nicht mit standardisierten Vorstellungen in die Wohnungen gehen, sie müssen eigene Ideen entwickeln und da gibt es viel mehr Möglichkeiten, als wir uns hätten vorstellen können. Das gilt besonders für die Brandwandbebauung. Weil jede Wohnung dort 18 mal vorkommt, kann man besonders gut vergleichen. In den Wohnungen sind überall offene Küchen, die, wenn die Leute es wollen, abgetrennt werden können. Das ist meines Wissens nur in ein oder zwei Wohnungen geschehen. Ich selber finde es schrecklich, wenn die Hausfrau, ob sie nun berufstätig ist oder nicht, in eine sechs Quadratmeter große funktionalisierte Küche, in der jeder Handgriff vorprogrammiert ist, eingesperrt ist, in der ihr auch niemand helfen kann. Es muss möglich sein, mit vielen Leuten zusammen zu kochen. Das geht, wenn man wenig Platz zur Verfügung hat, nur, wenn man Kochen, Essen und Wohnen miteinander verbindet. Und das wird von den Leuten sehr angenommen."

35

Damenklub Erato

Admiralstraße 16

Selli Engler, 1929

Nur ein paar Häuser vom Fraenkelufer entfernt, befand sich im Vorderhaus der Admiralstraße 18c (an der Stelle des heutigen Neubaus Nr. 16) die Gaststätte „Märkischer Hof", die der Damenklub Erato seit März 1931 für seine Damenbälle nutzte. Im „schönen intimen Saal" in der ersten Etage vergnügten sich jeden Sonnabend Mitglieder wie Gäste des Klubs bei Bonbonpolonaisen, Rekordtänzen, Saalpost oder der Wahl des schönsten Freundinnenpaares. Der Damenklub Erato, von Selma „Selli" Engler im Herbst 1929 gegründet und benannt nach der Muse der Liebesdichtung, war eine der zahlreichen Vereinigungen lesbischer Frauen im Berlin der zwanziger Jahre, das sich neben Paris zu einem Zentrum der homosexuellen Subkultur entwickelt hatte.

Seit der Jahrhundertwende schlossen sich lesbische Frauen in Damenklubs zusammen, die oft als „Sparvereine" oder „Kegelklub" getarnt wurden. Die Weimarer Republik erleichterte es homosexuellen Frauen, aus der Isolation herauszutreten und sich zusammenzuschließen. Sie gründeten Vereine und eröffneten Lokale, gaben Zeitschriften heraus und betätigten sich in der Homosexuellenbewegung, wie z.B. im „Wissenschaftlich humanitären Komitee" um Magnus Hirschfeld oder im „Bund für Menschenrecht" (BfM), der damals größten Vereinigung homosexueller Frauen und Männer.

Wegen der anhaltenden Diskriminierung waren gerade die Damenklubs ein wichtiger Treffpunkt, ein „Lichtblick im Alltagsdunkel" (Selli Engler), der es lesbischen Frauen erlaubte, sich im Kreis von Gleichgesinnten ungezwungen zu verhalten. Die Klubs waren als Vereine organisiert, sie hatten oft eigene Abzeichen und Fahnen. Veranstaltet wurden gemeinsame Ausflüge, Lesungen und gesellige Abende. Unterschiede gab es je nach Stadtteil und sozialer Herkunft der Frauen: Während im „reichen Westen" exklusivere Damenklubs ihren Sitz hatten, befanden sich die Vereinigungen von Frauen proletarischer Herkunft eher in Berlin-Mitte um den Alexanderplatz. Zu den letzteren gehörte auch der Damenklub Erato, der seine Damenbälle in der Geschäftsstraße eines zunehmend von Arbeiterinnen und Arbeitern bewohnten Viertels veranstaltete.

Selli Engler, 1899 geboren und seit 1914 in Berlin, kam selbst aus ärmlichen Verhältnissen. Sie war Verkäuferin und Buchhalterin und Aktivistin in der lesbischen Subkultur. 1924 gab sie die „Blätter idealer Frauenfreundschaften" heraus, arbeitete dann bei der Zeitschrift „Frauenliebe" und wechselte schließlich zur „Freundin", die von der Damengruppe des BfM verfasst wurde und die bekannteste Zeitschrift für lesbische Frauen war. Dort veröffentlichte sie bis Mai 1931 zahlreiche Gedichte und Geschichten, darunter auch ihr „Lied der Anderen", eine Art lesbische Hymne, die nach der Melodie „Ich bin ein Preuße" gesungen werden konnte. Die erste Strophe lautet:

> „Seid mir gegrüßt, ihr schönen edlen Frauen,
> Die ihr Euch stolz zur eigenen Art bekennt.
> Wir wollen fest uns in die Augen schauen.
> Daß kleinlich Zagen niemals mehr uns trennt."

Nach der Machtübernahme 1933 wurde die Homosexuellenbewegung und -kultur zerschlagen. Selli Engler, die stets zu mehr gegenseitiger Unterstützung lesbischer Frauen und Bekennermut aufgerufen hatte, stand den neuen politischen Verhältnissen nicht ablehnend gegenüber. Schon1933 schickte sie ein von ihr verfasstes Theaterstück mit dem Titel „Heil Hitler" an den „Führer" persönlich. Über ihr Leben nach 1933 ist nichts bekannt. Sie starb 1982 in Ost-Berlin.

36

Regina Jonas, die erste Rabbinerin

Synagoge am Fraenkelufer 10-16

„Hier stand eine der großen Kreuzberger Synagogen. In der Pogromnacht vom 9. zum 10. November 1938 brannten Nationalsozialisten die Synagoge nieder. Das beschädigte Hauptgebäude wurde 1958 abgerissen. Erhalten blieb die frühere Jugend- und Wochentagssynagoge, heute eines der jüdischen Gemeindezentren in Berlin." So der Text des Gedenksteins von Cornelia Lengfeld dort, wo früher das Gotteshaus stand.

Feierlich eingeweiht wurde es nach dreijähriger Bauzeit im September 1916 als orthodoxe Synagoge. In zwei Seitenflügeln befanden sich eine Wochentags- und eine Jugendsynagoge sowie ein Dienstgebäude mit Trausaal und Wohnungen. An eben dieser orthodoxen Synagoge war Regina Jonas, die erste Rabbinerin, tätig.

Im Jüdischen Nachrichtenblatt von Anfang Oktober 1942 finden sich Ankündigungen der von Regina Jonas geleiteten Gottesdienste. Möglich geworden war das aufgrund der außerordentlichen Bedingungen, unter denen das religiöse Leben nach den Zerstörungen und Verwüstungen während des Novemberpogroms 1938 organisiert werden musste. Nur wenige Berliner Synagogen waren so weit verschont geblieben, dass in ihnen noch Gottesdienste gehalten werden konnten. Die Andachten mussten deshalb sowohl in Ausweichräumen wie Turnhallen und Aulen als auch in „Schichten" hintereinander stattfinden. Auch konnte die Einteilung nach den verschiedenen jüdischen Glaubensrichtungen nicht mehr durchgehalten werden, so dass es in dem ehemals orthodoxen Tempel am Landwehrkanal auch liberale Gottesdienste gab.

Regina Jonas, geboren 1902 in Berlin, schrieb sich 1924, unmittelbar nach ihrer Ausbildung zur Lehrerin, an der Berliner „Hochschule für die Wissenschaft des Judentums" ein. Etwa ein Fünftel der damaligen Hörer war weiblich. Regina Jonas jedoch strebte im Gegensatz zu den anderen Frauen keineswegs an, die Ausbildung „nur" als akademische Religionslehrerin zu beenden, sie wollte Rabbinerin werden. Im Dezember 1930 erhielt sie ihr Diplom als Religionslehrerin. Professor Baneth hatte ihre halachische (Halacha = jüdisches Religionsgesetz) Arbeit „Kann die Frau das rabbinische Amt bekleiden?“ positiv bewertet. Dennoch wurde Regina Jonas nicht für das mündliche halachische Examen als letzte Voraussetzung zur Erlangung des Rabbinatsdiploms zugelassen. Die Mehrheit der Professorenschaft stand der Ordination von Frauen ablehnend gegenüber. Fünf Jahre später gelang es ihr, bei dem bekannten liberalen Rabbiner Max Dienemann das mündliche halachische Examen abzulegen. Von ihm erhielt sie 1935 als erste Frau das Rabbinatsdiplom.

In der jüdischen Öffentlichkeit stieß dies nicht nur auf Zustimmung. Regina Jonas fand keine offizielle Anerkennung als Rabbinerin, was unter anderem auch das Predigen, die Vollziehung von Trauungen und Scheidungen und religionsgesetzliche Entscheidungen beinhaltet hätte. In den folgenden Jahren war sie vor allem als Lehrerin an verschiedenen Berliner Schulen tätig. Nach ihrer Anstellung als Religionslehrerin bei der Berliner Jüdischen Gemeinde 1937 war sie unter anderem für die rabbinisch-seelsorgerische Betreuung und die Gottesdienste in verschiedenen Wohlfahrtseinrichtungen zuständig.

1938 berichtete sie in der C.V.-Zeitung über die mühseligen Auseinandersetzungen, die sie im Berufsalltag zu bestehen und darüber, was sie dennoch bewegt hatte, Rabbinerin zu werden: „... der Glaube an meinen Beruf und meine Liebe zu den Menschen. Fähigkeiten und Berufungen hat Gott in unsere Brust gesenkt und nicht nach dem Geschlecht gefragt. So hat ein jeder die Pflicht, ob Mann oder Frau, nach den Gaben, die Gott ihm schenkte, zu wirken und zu schaffen.“

Spätestens ab Mai 1942 musste Regina Jonas in einer Lichtenberger Kartonagenfabrik Zwangsarbeit leisten. Den Dienst an der Gemeinde führte sie trotzdem weiter. Im November 1942 wurde sie gemeinsam mit ihrer Mutter in das Konzentrationslager Theresienstadt deportiert. Dort wirkte sie innerhalb der Viktor-Frankl-Selbsthilfegruppe und gab den Neuankömmlingen seelischen Beistand. Außerdem predigte sie und hielt Vorträge. Am 12. Oktober 1944 wurde sie nach Auschwitz transportiert und dort ermordet.

37 Karyatiden

Planufer 92a

Karyatiden sind weibliche Gewandstatuen, die anstelle von Säulen und Pfeilern das Gebälk tragen – das weibliche Pendant zum Atlant. Das Mietshaus am Planufer 92a ist üppig geschmückt wie die anderen Häuser der Straße auch. Im dritten Stock ist eine männliche Figur zu sehen, deren Unterleib in der Fassade verschwindet. Rechts und links umgeben sie zwei Karyatiden in langen fließenden Gewändern. Das Mietshaus wurde Ende des letzten Jahrhunderts erbaut, als Karyatiden als neue Variante des Fassadenschmucks in Mode kamen.

In Deutschland entwickelte sich während des Klassizismus eine Vorliebe für die Antike. Bedingt durch neue Kenntnisse in der Archäologie und die beginnende Reiselust, setzten sich Architekten und Künstler verstärkt mit den ästhetischen Vorstellungen und Formen dieser Epoche auseinander. In der Architektur fanden die Karyatiden lebhaftes Interesse; Vorbild war das Erechtheion in Athen, ein Tempel der Akropolis.

In Berlin wurden die plastischen weiblichen Säulenfiguren seit dem 19. Jahrhundert als Schmuck eingesetzt. Zunächst an Bauten fürstlicher Bauherren realisiert, fand das Motiv an bürgerlichen Villen, später auch an Berliner Mietskasernen Verwendung. Ging es den Bauherren und

Baumeistern anfangs noch um die Rekonstruktion antiker Architektur, so sollten die Statuen schließlich den Reichtum und sozialen Status der Eigentümer von Miets- und Geschäftshäusern repräsentieren. Bisweilen ließen sie auch einen Rückschluss auf Berufe zu, wenn Karyatiden allegorisch Handwerk und Technik versinnbildlichten. Doch auch das war überholt, als Stuckateure Fassadenschmuck in serieller Produktion anbieten konnten. Karyatiden wurden zum beliebigen Ornament.

Über die Herkunft des Begriffs der Karyatiden gibt es nur Vermutungen. Vitruv, römischer Baumeister und Architekturtheoretiker des 1. Jahrhunderts v. u. Z., behauptete, dass es sich um griechische Frauen aus der Stadt Karyä auf dem Peloponnes handelte. Wegen ihrer Unterstützung der Perser während des Krieges wurden sie in Gefangenschaft genommen und zu öffentlichen Arbeiten gezwungen. Die Architekten wiesen ihnen die Rolle als Lastenträgerinnen des Gebälks zu. Der Aufklärer Lessing sah in ihnen Jungfrauen und Tänzerinnen aus der Stadt Karyä. Wer aufmerksam durch die Stadt geht, wird die schönen Trägerinnen an vielen Häusern entdecken.

38

Freitagsmarkt am Maybachufer

An der Kottbusser Brücke

Zwischen Kottbusser Brücke und Schinkestraße wird seit 1887 Wochenmarkt abgehalten. Bauern aus dem Spreewald und anderen Orten um Berlin brachten Obst und Gemüse per Schiff direkt zum Markt, bis zum Zweiten Weltkrieg der größte in Berlin. Die Teilung der Stadt und die Verbreitung von Supermärkten ließ ihn zwischenzeitlich auf etwa 20 Stände schrumpfen.

Ab Mitte der sechziger Jahre sorgten die türkischen und kurdischen Migrantinnen und Migranten für einen „kulturellen Aufschwung" des Markttreibens. Mit den Jahren wurden die Lebensmittel, die an den schön aufgebauten Ständen angeboten wurden, immer internationaler: frische Fische aus dem Mittelmeerraum, Okraten, Granatäpfel, seltene Kräuter, eingelegte Oliven und Schafskäse zu erschwinglichen Preisen. Anders als auf den Märkten in der Türkei, Marokko oder Tunesien verkaufen am Maybachufer nicht Frauen, sondern Männer. Oft sind auch zwischen oder hinter den Ständen Kinder zu sehen, die dort für ein paar Mark arbeiten.

Lebhaft geht es hier zu. Auf Türkisch, Arabisch, Kurdisch und Deutsch bieten die Händler ihre Waren an. Der Markt am Maybachufer ist wohl der einzige in Berlin, auf dem deutsche Händler ihre Bananen auch auf Türkisch verkaufen.

So schön bunt und lebendig der Markt aussieht, es gibt dort auch Probleme. Händler mit kleinen Ständen kämpfen Jahr für Jahr ums Überleben. Die Standmieten sind enorm gestiegen und die besten Plätze bekommen nur die, die Schmiergelder an die Pächter bezahlen oder gute Beziehungen haben. Viele der nicht deutschen Händler bezahlen an deutsche Strohmänner mit Gewerbescheinen monatliche Beiträge bis zu 1.000,- DM, da sie keine Aufenthaltsberechtigung besitzen und so nicht selbst einen Stand beantragen können.

Der wöchentliche Marktbesuch bedeutet für die Frauen aus traditionell-islamisch geprägten Familien mehr als nur Einkaufen. Freitags, wenn die Männer am Kottbusser Tor nach der Arbeit in ihre Männercafés gehen oder in der Mittagszeit zum Freitagsgebet in der Moschee sind, verabreden sich die Frauen zu dritt oder viert vor dem Marktbesuch zum Tee. Auch die Töchter nutzen diese wenigen freien Stunden, um heimlich zu ihren Verabredungen zu gehen. Für viele Mädchen ist dies die einzige Möglichkeit, unkontrolliert einige freie Stunden für sich zu haben.

Der Wochenmarkt findet jeden Dienstag und Freitags von 12-18 Uhr statt.

39
Konfektionsarbeiterinnen

Paul-Lincke-Ufer 42

Heimarbeit um 1911 in der
Manteuffelstraße in Kreuzberg

Seit den siebziger Jahren des 19. Jahrhunderts wurde die Gegend zwischen alter Stadtmauer und Landwehrkanal bebaut. Die Bauherren wollten eine maximale Ausnutzung der Grundstücke und es entstand die typische Berliner Mietskaserne: vier Stockwerke hoch, mit möglichst vielen und engen Hinterhöfen und -häusern. Geplant war damals schon die später so genannte „Kreuzberger Mischung“, ein Nebeneinander von Wohnen und Arbeiten, eine soziale Mischung von Arm und Reich im gleichen Haus. Die besser gestellten Leute lebten in den größeren, komfortableren Wohnungen im Vorderhaus, die armen in den Hinterhäusern, unter dem Dach oder im Keller. Gearbeitet wurde oft im gleichen Haus oder um die Ecke, in einem der vielen Kleinbetriebe des Handels oder Gewerbes.

Einer der für die Luisenstadt typischen Produktionszweige konnte sich in diesen kleinen Räumen gut ansiedeln: die Textil-, genauer die Konfektionsbranche, in der überdurchschnittlich viele Frauen arbeiten und heute noch arbeiten. Schon um die Mitte des 19. Jahrhunderts hatte sich das Schneiderhandwerk vor allem in den südlichen Vororten Berlins niedergelassen. Mit der Entstehung der Konfektionsindustrie wurden aber nicht mehr am individuellen Bedarf orientierte Einzelstücke genäht, sondern mit der Massenherstellung von Kleidung begonnen. Berlin entwickelte sich zu einem der bedeutendsten Produktionszentren für die Damenkonfektion in Deutschland. Seit den 1870er Jahren setzte ein Boom ein, nach dem deutsch-französischen Krieg war Paris vorübergehend als Modezentrum ausgeschaltet. Die enorme Ausweitung in der Konfektionsbranche in Berlin wäre nicht möglich gewesen ohne die große Zahl Arbeit suchender Frauen und Mädchen, die zu niedrigsten Löhnen tätig waren: Frauen vom Lande und die Töchter Berliner Handwerker-, Angestellten- und Arbeiterfamilien.

Die Konfektionsbranche kannte keine großen Produktionsstätten. Die Frauen stellten die Kleidungsstücke entweder zu Hause in Heimarbeit her oder gingen in die Wohnung eines sogenannten Zwischenmeisters oder einer Zwischenmeisterin. In diesen Zwischenmeistereien arbeiteten in der Regel unverheiratete, kinderlose Frauen, die ab dem frühen Morgen in den Zwei- oder Dreizimmerwohnungen mit zehn bis 20 anderen Frauen zusammen an den Nähmaschinen saßen oder per Hand nähten. Heimarbeit dagegen nahmen vor allem Mütter an, die wegen der Kinder nicht aus dem Haus konnten und so zwischen Hausarbeit und Kinderbetreuung jede freie Minute nutzen mussten, um die übernommene Arbeit termingerecht abliefern zu können. Die Arbeit in der Konfektionsbranche war anstrengend, schlecht bezahlt und zudem ein Saisongeschäft, mit größeren erwerbslosen Pausen, je nach Auftragslage.

Über die Arbeit in einer Zwischenmeisterei berichtet 1893 die Zeitschrift „Die Frau": „In der Skalitzerstraße hat sie auf dem Hof drei Treppen hoch ihre Schlafstelle; morgens um 1/2 7 steht sie auf, besorgt ihr erstes Frühstück, macht sich das zweite zurecht und den Kaffee, den sie mitnimmt. Um 8 Uhr muß sie in der Werkstelle des Meisters sein, die 15 Minuten entfernt liegt. Die Werkstelle liegt 4 Treppen hoch im Vorderhaus. Ihrer acht sitzen da in einer zweifenstrigen Stube beisammen, die 3 1/2 Meter breit und 4 Meter tief ist. Vor dem einen Fenster steht die Maschine der Stepperin, vor dem anderen der Vorrichtetisch, an dem die Frau des Meisters zeitweilig arbeitet. Dahinter sitzen nun die sieben Arbeiterinnen, ohne Tisch, jede auf ihren Stuhl angewiesen. Es ist Anfang März und viel zu tun. Der Meister steht nebenan in der Küche am Bügeltisch, treibend und scheltend, wenn die Arbeiterinnen den mitgebrachten Kaffee am glühenden Herd wärmen. Jede Minute ist ihm kostbar, denn je flotter die Arbeit geht, je schneller er sie seinem Konfektionsgeschäft abliefert, desto größer der Verdienst, desto gewisser die Aussicht auf neue Aufträge. (...) fast jede der Heimgehenden nimmt noch Arbeit mit nach Hause, teils angefangene Stücke, die fertig gemacht werden sollen, teils neue Sachen, um sie für morgen einzurichten. Auch unsere Freundin macht sich gegen 1/2 9 mit einem Bündel auf den Heimweg. Gegen 9 Uhr kommt sie nun endlich zu ihrer Hauptmahlzeit, die ihr von den Wirtsleuten aufgehoben ist. Mit ihnen sitzt sie dann noch am Tisch, bis gegen zehn einer nach dem anderen in der Küche oder auf dem Korridor seine Ruhestätte aufsucht, und sie schließlich allein in der Stube, in der ihr Lager aufgeschlagen ist, zurückbleibt, bis 11, 1/2 12, ja vielleicht noch länger mit der mitgebrachten Arbeit beschäftigt. Endlich sucht sie ihr Lager auf, um am anderen Tag müde und schlaff zu dem selben Tagewerk zu erwachen."

Die Konfektionsbranche war bis vor zehn Jahren noch zahlreich in Kreuzberg vertreten, am Paul-Lincke-Ufer 42 zum Beispiel fertigte seit 1958 die Firma „delmod" Oberbekleidung. Im September 1992 wurden die Frauen entlassen und die Produktion ins billigere Polen verlagert.

40

Soziale Hilfsarbeit

Paul-Lincke-Ufer 33

Einzelzimmer im Arbeiterinnenheim
am Kottbusser Ufer, 1906

Die großen Mietshäuser mit ihren typischen Gewerbehöfen am heutigen Paul-Lincke-Ufer sind erst zu Beginn dieses Jahrhunderts errichtet worden, als die Holz- und Steinlagerplätze am Landwehrkanal aufgegeben wurden. 1905 war in einem Inserat zu lesen: „Zum 1. Januar resp. 1. 4. 1906 zu vermieten (...) Räume im Fabrikgebäude Kottbusser Ufer 33 und 34."

Für eine Etage im Neubau Nr. 33 interessierten sich die „Mädchen- und Frauengruppen für soziale Hilfsarbeit". Im März 1906 wurde eine nachträgliche Bauzeichnung genehmigt, die die Räume im 1. Quergebäude neu aufteilte: Für ein Arbeiterinnenheim wurden im ersten Stock neue Wände gezogen.

Schon im April war Eröffnung. Die Ullstein-Zeitschrift „Die Praktische Berlinerin" berichtete im April 1906 in einem zweiseitigen Artikel über Arbeiterinnenheime. Elsa Herzog beschrieb die Lage der unverheirateten Arbeiterinnen: stumpfsinnige Arbeit, schlechte Wohnverhältnisse, kein gemütliches Heim zum Ausruhen nach Feierabend. Dem wollte

„eine kleine Anzahl vortrefflicher Frauen“ abhelfen, die seit einigen Jahren in Berlin Arbeiterinnenheime errichteten. Gesellige Abende, Hauswirtschaftskurse, Gesang, Turnstunden, wissenschaftliche Vorträge, Tanz und Ausflüge bildeten das Angebot der ersten Heime – noch ohne Schlafplätze.

Da die Arbeiterinnen aber häufig nicht einmal einen eigenen Schlafplatz fanden, von einer Wohnung ganz zu schweigen, wurden von den „Gruppen“ Schlafheime eingerichtet, das erste hier im Quergebäude am Kottbusser Ufer 33. Elsa Herzog in ihrem Bericht: „Durch das Entrée kommen wir in eine geräumige Garderobe mit Waschgelegenheiten, wo sich die von der Arbeit heimkehrende Arbeiterin säubern kann. An die Garderobe schließt sich ein großer, heller vierfenstriger Eßsaal mit lichten Gardinen und in Oelfarbe gestrichenen Wänden, die mit freundlichen, erfrischenden Bildern geziert sind. Die Küche ist mit allem modernen Komfort und allen praktischen maschinellen Hilfsmitteln ausgestattet. Die Schlafräume liegen in einem anderen Flügel. Sie enthalten Einzelzimmer, wie unser Bild eins vorführt, sowie Zimmer für zwei und drei Personen, die 10 und 9 Mark pro Person kosten. Alle Zimmer sind gleich hygienisch wie die Wohnräume eingerichtet. In den Baderäumen wird ein Bad zum Preise von 10 Pfennig verabfolgt und ein besonderes Krankenzimmer gestattet die Isolierung ruhebedürftiger Kranker. Die Anstalt untersteht der Leitung einer Hausmutter, der eine Stütze sowie Hauspersonal zur Seite stehen. Helferinnen, meist Mitglieder der Mädchen- und Frauengruppen für soziale Hilfsarbeit, erfüllen auch hier mittags und abends ihre ethischen und pädagogischen Aufgaben. Das Heim enthält vorläufig 20 Betten, die Wohn- und Eßräume erlauben aber eine Frequenz von weit über 100 Gästen, die sich aus den vielen umliegenden Fabriken gewiß ebenso schnell einfinden werden, wie sie in die anderen Heime kamen.“

Die in dem Artikel erwähnten „Mädchen- und Frauengruppen für soziale Hilfsarbeit“ wurden 1893 gegründet. Ihr Bekanntheitsgrad ist heute größer als damals, was nicht zuletzt darauf zurückzuführen ist, dass hier die Anfänge der beruflichen Sozialarbeit liegen.

Im Dezember 1893 nahm die 21-jährige Alice Salomon an der Gründungsversammlung der „Mädchen- und Frauengruppen für soziale Hilfsarbeit“ teil. Mehr oder weniger zufällig hatte sie die Einladung erhalten, nicht ahnend, dass dies der Beginn ihrer lebenslangen Pionierarbeit als Begründerin des sozialen Frauenberufs werden sollte. Unter Anleitung von Jeanette Schwerin lernte sie die praktische Sozialarbeit kennen und übernahm nach dem Tod ihrer Lehrerin 1899 deren Funktion als Vorsitzende der „Gruppen". Sozialarbeit war um 1900 noch ehrenamtliche Frauenarbeit; die Einführung von Ausbildungskursen in Wohlfahrtspflege war die erste Voraussetzung, um Sozialarbeit zur bezahlten Berufsarbeit zu machen. Neben ihrem Engagement in den „Gruppen" studierte Alice Salomon Volkswirtschaft und promovierte 1906 über „Die Ursachen der ungleichen Entlohnung von Männer- und Frauenarbeit". Zwei Jahre später wurde sie Mitbegründerin und Leiterin der Sozialen Frauenschule in Berlin-Schöneberg, die 1918 zur sozialpädagogischen und sozialfürsorgerischen Fachschule ausgebaut wurde und heute „Alice-Salomon-Fachhochschule für Sozialarbeit und Sozialpädagogik Berlin" heißt.

Alice Salomon verlor 1933 wegen ihrer jüdischen Herkunft alle Ämter. Im Mai 1937 befahlen ihr die Nazis die sofortige Ausreise innerhalb von drei Wochen. Sie ging in die USA; einsam und unbekannt ist sie im August 1948 in New York gestorben.

Das von Alice Salomon mit initiierte Arbeiterinnenheim am Landwehrkanal bestand mindestens noch bis 1929. In diesem Jahr wurde es in einer Veröffentlichung des „Stadtverbandes Berliner Frauenvereine" beschrieben: 25 berufstätige junge Frauen, Schneiderinnen, Putzmacherinnen, Stickerinnen oder Verkäuferinnen, lebten dort. Die Teilnahme an abendlichen Veranstaltungen stand auch nicht im Heim wohnenden Frauen offen, ebenso der Mittags- und Abendtisch. Träger des Heimes war 1929 der „Verein zur Errichtung von Arbeiterinnenheimen e.V.".

Einige Gebäude am Kanal hat der Krieg verschont. Es lohnt ein kleiner Abstecher durch den Hauseingang Paul-Lincke-Ufer 33 in den ersten Hinterhof. Der erste Stock des Quergebäudes ist heute in mehrere kleine Wohnungen aufgeteilt. Unter dem ehemaligen Arbeiterinnenheim hindurch geht es durch den Torbogen in den zweiten Hinterhof, auf ein altes Fabrikgebäude zu – das sahen die Bewohnerinnen beim Blick aus den Schlafkammern.

41

Das Kreuzberger Hexenhaus

Liegnitzer Straße 5

Aufbruchstimmung im Sommer 1984

Im Januar 1981 eroberten 60 Frauen aus der autonomen Frauenbewegung das Haus Liegnitzer Straße 5. Es war die Zeit der Hausbesetzungen in West-Berlin und dies das erste von Lesben besetzte Haus. Und das ist das Hexenhaus heute noch – eine lesbische Legende.

Ein sechsstöckiges Berliner Mietshaus aus der Jahrhundertwende mit Vorderhaus und Seitenflügel. Das Quergebäude hinten fehlt – Platz für einen großen Garten. 1981 wurden Wände eingerissen, Durchbrüche gemacht, große Räume und große Wohnungen geschaffen. Immer mehr Räume wurden nutzbar gemacht. 15 Frauen wohnten in zwei Wohngemeinschaften; stundenlang wurde geredet, gearbeitet, gekocht, diskutiert, gefeiert, wurden Beziehungen gelebt und getrennt. Zum Christopher Street Day ging es gemeinsam, auch auf Frauenfeten oder an der Uni war keine allein. Nicht nur die Patenschaften der nahe gelegenen Martha-Gemeinde und der Schriftstellerin Ingeborg Drewitz unterstützten die Besetzerinnen, auch die Nachbarinnen im Kiez halfen tatkräftig mit selbst gebackenem Kuchen und Kohlenspenden.

Nach drei Jahren kauften die Bewohnerinnen ihr Haus – Kredite und eine großzügige Sponsorin machten es möglich – für 250.000 DM. Aber damit ging die Arbeit erst richtig los. 1985 konnte die Sanierungsphase beginnen. Es gab einen Modernisierungskredit vom Senat, aber darüber hinaus musste jede 15 Stunden im Monat im und am Haus arbeiten – und das vier Jahre lang! Die Arbeiten mussten organisiert und koordiniert, die Modernisierung vorangetrieben werden. Glücklicherweise waren zwei Architektinnen mit von der Partie. In diesen Jahren sprangen etliche Frauen ab, denen die Belastungen zu hoch wurden, neue kamen hinzu.

Das Haus gehört dem Verein „Hexenhaus e.V." und Mitbesitzerin ist laut Statut jede, die hier lebt. Die Auszüge sind in den letzten zehn Jahren selten geworden. Heute wohnen hier zwei Dutzend Frauen in 23 Wohnungen. Längst sind die Wände wieder eingezogen worden, jede hat ihr eigenes Reich. Die Platzbedürfnisse wachsen, neue Frauen sind schon lange nicht mehr dazu gekommen. Das jährliche Sommerfest im Garten zugunsten der AIDS-Hilfe ist die einzige gemeinsame Aktivität, die geblieben ist – und natürlich das Plenum, etwa alle zwei Monate im Gemeinschaftsraum mit Dachterrasse.

42

Martha, die Drachenbändigerin

Glogauer Straße 22

Martha mit Kreuz und Drache

1904 wurde in der Glogauer Straße die Martha-Gemeinde ins Leben gerufen. Das Gemeindeleben ist bis heute geprägt durch die Alltagsrealität einer sozial gemischten Bevölkerung. Als 1970 Erika Fechner das Amt der Pfarrerin übernahm, hatte sie sich auseinander zu setzen mit den Problemen allein erziehender Mütter, der Studierenden, verschiedener Jugendszenen und der Migrantenfamilien.

Die Geschichte von Martha, in den Evangelien als gewissenhafte Hausfrau erwähnt, erfuhr durch Erika Fechner eine neue Wahrnehmung: Frühchristliche Legenden berichten, dass Martha im Rhonetal den Drachen Tarascus besiegte. Ihre Waffen waren Kreuz und Weihwasser. Sie tötete den Drachen nicht, sondern führte ihn gezähmt an ihrem Gürtelband.

Die Martha-Gemeinde in Kreuzberg hat Zeichen gesetzt in der Arbeit mit und für Frauen. Erika Kosse, langjähriges Gemeindemitglied, berichtet in der Jubiläumsschrift der Martha-Gemeinde über den Demokratisierungsprozess des kirchlich-religiösen Gemeindelebens: Die Jugendlichen, wenn sie sich an Gewaltlosigkeit hielten, „hatten und haben offene Türen in der Offenen Jugendarbeit, die Hausbesetzer im Kiez fanden tatkräftige Unterstützung, lesbische Frauen ... konnten sich trauen lassen." Erika Fechner übernahm die Patenschaft des besetzten „Hexenhauses" in der Liegnitzer Straße. Zusammen mit den Pfarrerinnen Margarete Pauschert und Gabi Raebiger aus der Ölberg-Gemeinde und Frauen aus der autonomen Frauenbewegung entstand im März 1978 das „Frauencafé". Es blieb nicht bei Diskussionen untereinander, aus der Beschäftigung mit verschiedenen Themen entstanden schließlich konkrete Projekte und bezahlte Stellen. Das Thema Gewalt gegen Frauen führte zur Gründung von Zufluchtswohnungen, mittlerweile ein eigenständiger, aus der Glogauer Straße ausgegliederter Arbeitsbereich. Aus der Arbeit mit Müttern entwickelte sich ein Ausbau der Kinderbetreuung, heute ist dafür der Verein „Makke e.V." in der Gemeinde zuständig.

In den achtziger Jahren reagierte die Martha-Gemeinde auf die zunehmende Erwerbslosigkeit und bot Berufsinformations- und Orientierungskurse für Frauen an. 1983 wurde der „Frauen-Selbsthilfe-Verein Glogauer Straße" gegründet, 1994 in „Frau und Beruf e.V." umbenannt, der individuelle Beratungen zur beruflichen Integration, Informations- und Orientierungskurse für arbeitslose Akademikerinnen und Studienabbrecherinnen, Bewerbungstraining, Berufswegplanung, Supervision, Prüfungsvorbereitung und berufsbezogene Selbsthilfegruppen organisiert und durchführt. Das Frauencafé ist jeden Montag und Donnerstag von 15 - 18 Uhr geöffnet, von Mai bis September mit großem idyllischen Hinterhofgarten. Das Programm des Cafés reicht von Körper- und Atemarbeit, Meditation, freiem Malen bis zur Mütterarbeit.

Seit 1989 sorgt die Pfarrerin Monika Matthias für einen lebendigen Austausch zwischen Gemeinde, Frauencafé und Verein. „Welch glücklicher ‚Zufall'", so die Pfarrerin, „daß in einer Gemeinde mit dem Schwerpunkt Frauenarbeit sich eine so weibliche Kirche befindet. Die Reliefs am Eingang erzählen Frauengeschichte, die Jesus als Bilder für das Reich Gottes vor Augen stellte. Die Fenster im Innenraum der Kirche zeigen uns unsere mütterlichen Wurzeln von Eva bis hin zu Lois, Großmutter des Timotheus. Die Reliefs im Innenraum erzählen die Geschichte Jesu in ihrer Verwobenheit mit Frauengeschichten. Angefangen von der Verkündigung des Engels an Maria bis hin zu der Begegnung der Maria Magdalena mit dem auferstandenen Christus. Und das in einer protestantischen Kirche! Wer auch immer dies Anliegen vorantrieb, den Frauen in der Martha-Kirche ein ehrendes Denkmal zu setzen, er/sie hat uns damit einen großen Dienst erwiesen."

43
Die Schleusenmeisterin

Schleusenufer

Margret Häger
an „ihrer" Schleuse

Vor der Oberschleuse, an der Mündung des Landwehrkanals in die Spree, nehmen Ausflugsdampfer, Sportboote und Frachtschiffe über den Funkkanal 78 Kontakt mit der Schleuse auf. Seit 1990 regelt hier Margret Häger abwechselnd mit zwei Kollegen die Schleusung der Schiffe. Die gelernte Bankkauffrau aus Hessen kam 1965 nach Berlin und begann 1968 als „Abgabenerheberin" an der Schleuse Plötzensee, bei der sie – mit einer achtjährigen Unterbrechung an der Oberschleuse – bis 1988 blieb. Bis zum Frühjahr 1990 arbeitete sie an der Unterschleuse im Tiergarten und kam dann zurück an die Oberschleuse.

Von 1945 bis 1989 hatte das Wasserstraßenhauptamt Ost die Verwaltung der ehemaligen Reichswasserstraßen und damit auch der Schleusen in West-Berlin unter sich. Margret Häger lebte und arbeitete im Westteil der Stadt und war Angestellte eines Ost-Berliner Arbeitgebers. Drei Fachleute waren für die Bedienung der Schleuse zuständig: Im Außendienst kümmerte sich der „Schleusenwärter" um die Wartung der Maschinen, den Zustand der Anlage und bediente die Schleuse. Der Abgabenerheber war im Innendienst tätig, er führte das Verkehrstagebuch, erhob die Schifffahrtsabgaben, stellte Liegescheine aus und machte die Abrechnung. Im Schleusenhaus an der Oberschleuse sind noch der Abgaben- und der Liegescheinschalter zu sehen. Der „Schleusenmeister" war für die Erstellung der Dienstpläne und der Lohnerfassungsblätter zuständig, sein Verantwortungsbereich umfasste Schifffahrt und Wasserhaltung gleichermaßen und er war Ansprechpartner für Ämter und übergeordnete Behörden. Gearbeitet wurde im Dreischichtsystem mit einem achtstündigen Arbeitstag, pro Schicht waren zwei Personen anwesend. Zu DDR-Zeiten wurden die Berufe Abgabenerheber und Schleusenmeister für Frauen geöffnet. Es fanden sich Interessentinnen aus den unterschiedlichsten Berufsgruppen: Kindergärtnerinnen, Krankenschwestern, Buchbinderinnen und Schneiderinnen. Auf einem vierteljährlichen Lehrgang in Charlottenburg und bei innerbetrieblichen Schulungen erlernten sie ihr „Handwerk", zu dem Wasserbautechnik, Schifffahrtskunde, Gewässerkunde und Abgabenerhebung gehörten.

Seit der Wende hat sich der Schleusenbetrieb verändert. Das Personal wurde reduziert, Stellen nicht mehr besetzt und die Öffnungszeiten der Schleusen dementsprechend eingeschränkt. Margret Häger, seit 1974 verantwortlicher „Schleusenmeister", heißt nun „Betriebsstellenleiter", ihr Verantwortungsbereich beschränkt sich auf den Schleusenbetrieb, die Interessenvertretung gegenüber Ämtern und Behörden gehört nicht mehr zu ihrem Dienst.

Die Oberschleuse wurde mit dem Ausbau des Landwehrkanals zur Überwindung des Wasserpegelunterschiedes zwischen Spree und Kanal notwendig. Sie ist 72 Meter lang, hat eine Kammerbreite von fast 20 und Torweiten von 8,50 Meter. Statt zwei Klapptoren besitzt sie drei, die während des Schleusvorganges aus dem Wasser empor tauchen und die 30 Zentimeter Niveauunterschied verdrängen. Die Schleuse ist die einzige im Berliner Stadtbereich, die über eine Bildschirmsteuerung bedient wird. Margret Hägers Arbeitsplatz im Schleusenhaus hat vier Monitore, drei liefern ihr die Bilder der Überwachungskameras, am vierten bedient sie per Mausklick Ober- und Unterhaupt der Schleuse. Margret Häger verlässt sich jedoch nicht allein auf die Technik: Immer noch ist der Kontakt mit den Schiffsführern genauso wichtig und die elektronisch gemessenen Werte des Wasserpegels überprüft sie zweimal die Woche mit der guten alten Pegellatte.

Auch heute, nach über 30-jähriger Schleusentätigkeit, ist ihre Liebe zum Wasser ungebrochen: Margret Häger sammelt Literatur und Zeitungsartikel zum Thema und in ihrem Arbeitsraum hängen historische

Aufnahmen von Berliner Schleusen. Mit ruhiger Hand koordiniert sie den Ansturm der sommerlichen Ausflugsboote, denn zur Hochsaison passieren durchschnittlich 40 Schiffe „ihre“ Schleuse. Am 1. April beginnt die Saison, die Schleuse ist dann von 7 Uhr morgens bis 24 Uhr geöffnet; im Winter von 9 Uhr 30 bis 19 Uhr 30.

Heute arbeiten neben Frau Häger noch eine Schleusenmeisterin an der Unterschleuse und eine als Personalrätin, eine weibliche Schichtleiterin an der Mühlendammschleuse, eine an der Schleuse in Plötzensee und eine in Kleinmachnow. Seit einigen Jahren ist bei der Neubesetzung von Stellen als Einstellungsqualifikation eine artverwandte Berufsausbildung erforderlich. Das schmälert die Chancen von Frauen, für die Arbeit an der Schleuse angelernt zu werden. Mehr Schleusenmeisterinnen wird es deshalb sobald kaum geben.

Zum Weiterlesen

1 Landgang in Berlin. Stadtgeschichte an Landwehrkanal und Spree. Hg. Berliner Geschichtswerkstatt, Berlin 1987

2 Doris Kachulle, Heyl Hedwig! Bürgerliche Frauenbewegung auf Abwegen. In: Junge Welt, 8. März 1999, S. 10-11

3 Doris Hünert, March, Magdalena Sophie. In: Zwischen Rebellion und Reform. Frauen im Berliner Westen. Hg. Birgit Jochens, Sonja Miltenberger, Berlin 1999, S. 201-202

4 Barbara Duden, Hans Ebert, Die Anfänge des Frauenstudiums an der Technischen Hochschule Berlin. In: Wissenschaft und Gesellschaft. Beiträge zur Geschichte der Technischen Universität Berlin 1879-1979, Bd. 1. Hg. Reinhard Rürup, Berlin 1979, S. 403-423

5 Sophie Charlotte und ihr Schloß. Ein Musenhof des Barock in Brandenburg-Preußen. Hg. Generaldirektion der Stiftung Preußische Schlösser und Gärten Berlin-Brandenburg, München/London/New York 1999

6 Katharina Heinroth, Mit Faltern begann's. Mein Leben mit Tieren in Breslau, München und Berlin, 2. Aufl., München 1979

7 Andreas Hallen, Die ermordete Revolution. Der 15. Januar 1919 – ein Stimmungsbild. In: Revolution und Fotografie. Berlin 1918/19. Hg. Neue Gesellschaft für Bildende Kunst, Berlin 1989, S. 263-286

8 Dietlinde Peters, Minna Cauer. In: Stadtbild und Frauenleben. Berlin im Spiegel von 16 Frauenporträts. Hg. Henrike Hülsbergen (= Berlinische Lebensbilder. Hg. Wolfgang Ribbe, Bd. 9), Berlin 1997, S. 153-174

9 Sabine Sander, Nur für geladene Gäste. Der „Deutsche Lyceum-Club". In: „Ich bin meine eigene Frauenbewegung". Frauen-Ansichten aus der Geschichte einer Großstadt, Berlin 1991, S. 52-57

10 Das Bauhaus webt. Die Textilwerkstatt am Bauhaus. Hg. Magdalena Droste und Manfred Ludewig, Berlin 1998

11 Violet Schultz, In Berlin in Stellung. Dienstmädchen im Berlin der Jahrhundertwende, Berlin 1989

12 Gertraud Eva Schrage, Hedwig Dohm. In: Stadtbild und Frauenleben. Berlin im Spiegel von 16 Frauenporträts. Hg. Henrike Hülsbergen (= Berlinische Lebensbilder. Hg. Wolfgang Ribbe, Bd. 9), Berlin 1997, S. 43-71

13 Marie Bunsen, Die Welt, in der ich lebte. Erinnerungen aus glücklichen Jahren 1860-1912, Leipzig 1929

14 Die Rote Kapelle im Widerstand gegen den Nationalsozialismus. Hg. Hans Coppi u.a., Berlin 1994

15 Geschichte der Mädchen- und Frauenbildung, Bd. 2. Vom Vormärz bis zur Gegenwart. Hg. Elke Kleinau, Claudia Opitz, Frankfurt/ New York 1996

16 Anna Pappritz, Die Teilnahme der Frauen an der Sittlichkeitsbewegung. In: Handbuch der Frauenbewegung, T. II. Hg. Helene Lange, Gertrud Bäumer, Weinheim/Basel (Nachdruck) 1980, S. 154-192

17 Profession ohne Tradition. 125 Jahre Verein der Berliner Künstlerinnen. Hg. Berlinische Galerie, Berlin 1992

18 Renate Flagmeier, Das verborgene Museum. In: Das Verborgene Museum I. Dokumentation der Kunst von Frauen in Berliner öffentlichen Sammlungen. Hg. Neue Gesellschaft für Bildende Kunst e.V., Berlin 1987, S. 45-52

19 Fanny Lewald, Meine Lebensgeschichte. Neuauflage der Ausgabe 1861/62. Hg. Ulrike Helmer, 3 Bde, Frankfurt/Main 1988f.

20 Deutscher Hausfrauen-Bund e.V. 75 Jahre, Hg. Deutscher Hausfrauen-Bund e.V., Bonn 1990

21 Gertrud von Hatten, Die Frauenfrage in den deutschen Kolonien. In: Kolonie und Heimat, Nr. 15-19, 1912

22 Emma Stropp, Berliner Frauenklubs. In: Was die Frau von Berlin wissen muß. Hg. Eliza Ichenhäuser, Berlin 1913

23 Maegie Koreen, Immer feste druff. Das freche Leben der Kabarettkönigin Claire Waldoff, Düsseldorf 1997

24 Marlene Dietrich. Dokumente, Essays, Filme. Hg. Werner Sudendorf, Frankfurt/Berlin/Wien 1980 – Tilla Durieux, Meine ersten neunzig Jahre. Erinnerungen, München/ Berlin 1971

25 Françoise Tillard, Die verkannte Schwester. Die späte Entdeckung der Komponistin Fanny Mendelssohn Bartholdy, München 1994

26 Marie Juchacz. Gründerin der Arbeiterwohlfahrt. Leben und Werk, Bonn 1979

28 Pöbelexzesse und Volkstumulte in Berlin. Zur Sozialgeschichte der Straße (1830-1980). Hg. Manfred Gailus, Berlin 1984, S. 1-41

29 Fräulein vom Amt. Hg. Helmut Gold und Annette Koch, München 1993

30 „O ewich is so lanck". Die historischen Friedhöfe in Berlin-Kreuzberg. Hg. Christoph Fischer, Renate Schein, Berlin 1987

31 Ethlie Ann Vare, Greg Ptacek, Patente Frauen. Große Erfinderinnen, Wien, Darmstadt 1989

32 Agathe Nalli-Rutenberg, Mein liebes altes Berlin, Berlin 1907

33 Reinhard Bolk, Das Krankenhaus Am Urban. Medizingeschichtliche Untersuchung eines Krankenhauses der Stadt Berlin von seiner Gründung (1887) bis zum Ende des Zweiten Weltkrieges (1945), Berlin/Bonn 1984

35 Eldorado. Homosexuelle Frauen und Männer in Berlin 1850-1950. Geschichte, Alltag und Kultur. Hg. Berlin Museum, Berlin 1984

36 Katharina von Kellenbach, „God Does Not Opress Any Human Being". The Life and Thought of Rabbi Regina Jonas. In: Leo-Baeck-Institute. Year Book 1994, Bd. 39, London/Jerusalem/New York, S. 213-225

37 Magdalena Bushart u.a., Karyatiden an Berliner Bauten des 19. Jahrhunderts. In: Berlin und die Antike. Aufsätze. Hg. Willmuth Arenhövel, Christa Schreiber, Berlin 1979, S. 531-555

39 Imma Harms, Lohngewerbe und Nischenproduktion. Die Textil- und Bekleidungsindustrie in Kreuzberg 36. In: Kreuzberger Mischung. Die innerstädtische Verflechtung von Architektur, Kultur und Gewerbe. Hg. Karl-Heinz Fiebig, Berlin 1984, S. 161-170

40 Sozialarbeit wird zum Beruf. Alice Salomon (1872-1948). In: I. Hildebrandt, 18 Berlinerinnen, Weinheim 1984

42 Mitnehmen - zurücklassen - wandeln. Mit 95 noch Zukunftspläne? oder Eine traditionsreiche Dame macht sich bereit für den ersten Schritt ins neue Jahrtausend. Festschrift 1904-1999 Ev. Martha-Gemeinde, Berlin 1999.

43 Hans-Joachim Uhlemann, Berlin und die Märkischen Wasserstraßen, Hamburg 1994

Viele wertvolle Hinweise verdanken wir außerdem:

- Frauen-Führer. Auskunftsbuch über Vereine, Ausbildungsgelegenheiten und Wohlfahrt in Berlin, Berlin 1905 (4. Aufl.)
- Stadtverband Berliner Frauenvereine, Berlin 1929

Historische Stadtrundfahrten und -gänge von und für Frauen in Berlin

Angebote für Einzelne und Gruppen. Unter den angegebenen Telefonnummern oder Adressen kann nach dem aktuellen Angebot, Fahrpreis/Honorar und weiteren Informationen gefragt werden.

- Stadtrundfahrten zur Frauengeschichte per Schiff. Von April bis Oktober. Termine zu erfragen bei Berliner Geschichtswerkstatt e.V., Goltzstr. 49, 10781 Berlin (215 44 50).
- Frauentouren. Stadtrundgänge und -rundfahrten in Berlin und Umgebung zu verschiedenen Themen von Claudia von Gélieu und Beate Neubauer. Einzeltermine und Gruppen (281 03 08 oder 626 16 51, E-mail: Frauentouren@t-online.de).
- 30 Jahre Neue Frauenbewegung in Berlin. Eine dreistündige Busfahrt des FFBIZ (Frauen-Forschungs-, Bildungs- und Informationszentrum) für Gruppen; pro Person 20,- DM (321 040 35, E-mail: ffbiz@t-online.de).
- Das Schöneberg-Museum und Archiv vermittelt Rundgänge durch Schöneberg zu wechselnden Themen, z.B. 100 Jahre Frauen- und Lesbenbewegung (7876-2234 Petra Zwaka).
- Subschlepping – Streifzüge durch die aktuelle Frauen- und Lesbenkultur zu Fuß. In sieben Bezirken, mit Kneipenbesuch, jeden Freitag 19.30 Uhr und für Gruppen nach Vereinbarung. Brigitta Schilk (4435 8704, Fax 4435 8705, E-mail: brigitta.schilk@berlin.de)
- Wo sind die Frauen in Berlins Mitte? Rundgang für Gruppen von Stattreisen (455 30 28).
- Frauen in Spandau durch die Jahrhunderte, mit Brigitte Willert (Heimatkundliche Vereinigung Spandau 1954 e.V., Frau Rolf: 334 62 70).

Weitere aktuelle Angebote erscheinen monatlich im Berliner Frauen- und Lesbenprogramm „Blattgold".

Personenregister

Abakanowicz, Magdalene 59
Albers, Anni 38
Arndt, Gertrud 38f
Augspurg, Anita 31f
Augusta, Kaiserin 47
Baller, Inken 97ff
Bardua, Caroline 58
Bauer, Karoline 89
Bäumer, Gertrud 17, 35f, 51
Bayer, Irene 38f
Bennewitz von Loefen, Emy 88, 90
Bentz, Melitta 91f
Berend-Corinth, Charlotte 56
Berger, Käthe s. Heinroth
Berger, Otti 38
Beschort, Sylvia 88, 94
Beschort, Wilhelmine 88, 90, 94f
Bethmann, Friederike 89f
Brandt, Marianne 38
Braun, Lily 31, 43
Braunschweig-Lüneburg, Sophie Charlotte von s. Sophie Charlotte
Bühl, Hede 59
Bunsen, Marie von 34ff, 45ff
Busch, Paula 27
Carmen Sylva, Königin von Rumänien 35
Cauer, Minna 31ff, 36, 51, 53, 96
Crain, Lucie 46, 50
Crüsemann, Hedwig s. Heyl
Dietrich, Marlene 73f
Dohm, Hedwig 43f
Drewitz, Ingeborg 114
Durieux, Tilla 73ff
Einsiedel, Clara Gräfin von 87, 90
Engler, Selli 100f
Fechner, Erika 116f
Flittner, Friederike s. Bethmann
Friedlaender, Marguerite 38
Genzken, Isa 59
Gizycki, Lily von s. Braun
Gontscharowa, Natalia 59
Goudstikker, Sophia 31
Hacker, Agnes 53
Häger, Margret 118ff
Harnack, Anna 69
Harnack-Fish, Mildred 48f
Harrach, Helene Gräfin 34f
Heemskerck, Jacoba von 59
Heinke, Clara 54
Heinroth, Katharina 25ff
Hensel, Fanny 76ff, 88, 90
Herz, Henriette 88ff
Herzog, Elsa 111f
Heyl, Hedwig 15ff, 34ff, 47, 63, 67
Höch, Hannah 56, 59
Hoppfgarten, Elise 17
Horn, Rebecca 59
Jacob, Mathilde 29
Jerichau-Baumann, Elisabeth 58
Jonas, Regina 102f
Juchacz, Marie 80f
Keller, Magdalene Sophie s. March
Kollwitz, Käthe 55, 59
Kosse, Erika 116
Lange, Helene 16, 35f, 43, 46, 50f, 96
Lemos, Henriette de s. Herz
Lengfeld, Cornelia 102
Levin, Rahel s. Varnhagen
Levy-Rathenau, Josephine 17, 68
Lewald, Fanny 60f, 77
Lewald-Stahr, Fanny s. Lewald
Liebscher, Melitta s. Bentz

Liliencron, Adda Freifrau von 66
Lutze, Amalie 93
Luxemburg, Rosa 28ff
Mammen, Jeanne 56
Mann, Katja 43
March, Sophie 18f
Marelle, Luise 68
Margis, Hildegard 64
Matthias, Monika 117
Mendelssohn, Fanny s. Hensel
Mendelssohn, Lea 76f
Mendelssohn, Rebecka 77
Modersohn-Becker, Paula 55, 59
Moholy, Lucia 39
Mosse, Emilie 35
Müller, Antonie 96
Münter, Gabriele 59
Nalli-Rutenberg, Agathe 93
Nevelson, Louise 59
Oenicken, Klara 54
Pappritz, Anna 52f, 68
Paul, Else 36
Pauschert, Margarete 117
Peiser, Bona 69
Petzel, Rosa 54
Pöllnitz, Fräulein von 24
Preuß, Wilhelmine Caroline von 94
Pringsheim, Katja s. Mann
Raebiger, Gabi 117
Raschke, Marie 35
Reich, Lilly 38
Reicke, Anna 69
Remy, Marie 54
Richthofen-Darmsdorf, Gertrud Freifrau von 65
Roeder, Olga Baronesse von 71f
Roeder, Emy 56, 59
Rüdiger, Hedwig 86
Salomon, Alice 16, 68, 96, 112f
Sax, Ursula 59
Sayers, Dorothy 34
Schelle, Minna s. Cauer
Schiemann, Lina 96
Schlegel, Dorothea 89
Schlieper, Emy s. Bennewitz von Loefen
Schottmüller, Oda 56
Schulhoff, Else 36
Schulze-Boysen, Libertas 49
Schwerin, Jeanette 112
Siemens, Ellen von 35
Sintenis, Renée 56, 59
Sophie-Charlotte, Königin von Preußen 23f
Steger, Milly 59
Stock, Dorothea 58
Stölzl, Gunta 38
Stritt, Marie 31
Tergit, Gabriele 73f
Tiburtius, Franziska 68
Unzelmann, Friederike s. Bethmann
Varnhagen, Rahel 88ff
Viebig, Clara 35
Viktoria, Kaiserin 95
Wadinger, Anna 29
Waldoff, Claire 70ff
Werefkin, Marianne 56, 59
Winkelmann, Emilie 35f
Wolfthorn, Julie 35
Wortmann, Clara s. Waldoff

Die Autorinnen und ihre Beiträge

Müjgan Arpat, geb. 1957, Sozialarbeiterin (38)

Cornelia Carstens, geb. 1957, Wissenschaftliche Dokumentarin und Historikerin (2, 5, 9, 11, 13, 15, 22, 29, 30, 32, 33, 39, 40, 41)

Manuela Dörnenburg, geb. 1965, Historikerin (28)

Anita Hermannstädter, geb. 1967, Historikerin (17, 35)

Stefanie Höver, geb. 1965, Sozialarbeiterin, Kinder- und Jugendpsychotherapeutin (26, 38)

Susanne Köstering, geb. 1956, Historikerin (1)

Margret Luikenga, geb. 1953, Lehrerin (4, 6, 7,14, 16, 21, 23, 34)

Stephanie von Ow, geb. 1962, Slavistin und Historikerin (8, 43)

Angelika Rix, geb. 1953, Historikerin, Pressereferentin der Arbeiterwohlfahrt Landesverband Berlin (27)

Monika Sonke, geb. 1959, Dr. phil., Wirtschaftshistorikerin (36)

Heike Stange, geb. 1958, Theater- und Filmhistorikerin (10, 18, 24, 25, 37)

Ursula Trüper, geb. 1949, Historikerin (19)

Rita Wolters, geb. 1963, Historikerin (3, 12, 20, 31, 42, 43)

Abbildungsnachweis

Archiv Helga Bemmann/ „ Gustav Kiepenheuer Verlag GmbH, Leipzig 73 links
Archiv für Kunst und Geschichte 20, 108
Archiv des Verlages 15, 25, 31, 34, 42, 45, 47, 50, 52, 54, 62, 65, 68, 70, 80, 82, 94, 100, 104, 116
Bauhaus-Archiv, Berlin 37
Bildarchiv Preußischer Kulturbesitz 28, Umschlag vorn
Bundesarchiv, Stiftung Archiv der Parteien und Massenorganisationen der DDR 11
Cornelia Carstens, Berlin 40
Dragana Cukovac, Berlin 114
Bernd Dornbusch, Berlin 118
Andreas Hallen, Berlin 87
Henle, München 76
Landesbildstelle Berlin Umschlag Rückseite
Museum für Kommunikation, Frankfurt am Main 84
Christiane Pagel, Berliner Geschichtswerkstatt 97
Stadtmuseum Berlin 23 (Foto: Max Missmann), 73 rechts (Foto: Harry Croner)
Ullstein Bildarchiv 111
Unternehmensgruppe Bentz KG 91